来談者のための
治療的面接とは

心理臨床の「質」と
公認資格を考える

増井武士
著

遠見書房

「いのち」の面接

──まだ見ぬ来談者のために──

序

　増井君とボクは一点を除けば似たところがほとんどありません。ただ一点の一致点だけで，ボクたちの友情は盤石不動です。その一点とは「目の前にいる人を少しでも楽にしてあげたい」性向です。この性向の基盤にあるのは，「愛」と呼ばれたりする優しげな嗜好ではないようです。まだ充分に省察できていませんが「自然の流れが塞き止められている状況を目にすると，それが自身の内側にある流れの塞き止められ体験という傷付き，のフラッシュバックを引き起こしてしまう」固定パターンに由来するようです。この固定パターンは「排水溝や排気口の詰り」「防波堤で波が阻止されている情景」「コンクリートで川の蛇行が制圧されている状況」に始まり「雑草の無い一面のキャベツ畑」「保育器のようなレタス工場」「養殖ブリの生簀」にまで広がります。「いのち」という自然が「文化」によって「流れを阻止されている事態」を目にすると「窒息感」のような生理的苦悶が起こります。これはボクらの「病気」でもあり，同時に，「援助者」という人生を選択した動因でもあります。その後の修練のすべては，「病気の活用」「活用法の精錬」であったと言えます。

　増井君から，ボクのコメントが欲しいと，本書の草稿が送られてきました。書き出しは，公認心理師制度への懸念や疑惑でした。感情が溢れ出していました。増井君は恐らく，あの○×式試験で育てられる心理師も，その心理師との面談が終わった後，家路をたどる来談者も，内なる優しさや自尊心や未来への夢を失って，「管理されたレタスやブリ」と同じ「いのち」になるはずだと直感したのでしょう。その直感は，日本の心理臨床家の近年の質の低下について積もり積もった懸念と危機感とに直結しました。

　日本の心理臨床を開拓した黎明期の達人たちのほとんどは他界されました。開拓期の方々は当然の苦労は多かったでしょうが，優しさと夢と内なる自尊心を支えに精一杯奮闘されました。その息吹を身近で感受した第二世代

が増井君たちで，その人々もいまや長老となり，現場で活動しかつ後進を育てる第三世代，の活動を見守る立場となりました。そこに質の低下すなわち「心理臨床の魂の流れ」が阻止されて行くのを見てとり，ジッとしていられない悲痛な気分で，増井君が一気に書き進めたのがこの本です。心理臨床家という人生を選んだ動因としての「援助者のいのち」への呼びかけです。雨に濡れている子猫に手を差し伸べる幼児の「いのち」が「援助者」としての人生を選んだ動因のなかにあるはずです。増井君はその「いのち」へ呼びかけているのです。

　「管理されたレタスやブリ」の位置に置かれても，ボクたちはヒトですから言葉を持っています。管理するための道具は「言葉文化」です。それと闘うための道具も「言葉」です。皆さんも増井君の「いのち」を受け継ぎ，「管理されたレタスやブリ」の位置を離れ，目の前の来談者，そして何より「まだ見ぬ来談者」を「管理されたレタスやブリ」にしない，「いのち」ある「援助者」になってほしいのです。

　その運動を成就させるためには「まだ見ぬ援助者」の方々にも本書をお勧めします。あなたは，自らの「いのち」を失わない・失わせない心理臨床を守る運動，のパートナーなのです。

　書評を書いていてチョット新鮮なアイデアが湧きました。いま接している「来談者」がこの本を読んでいると仮定したときと，読んでいないと仮定したときとで，自分の「援助作業」がどう変わるかを空想してみるというアイデアです。素敵なワークになると思いません？

　本書が代々に読み継がれることを祈念して「序」とします。

伊敷病院　神田橋條治

はじめに──独断と偏見と主観の洗練

　ずいぶん前ですが，ある用件で神田橋先生に電話を入れた時，
　「君は，まさかあの4冊で[20]仕事を終わろうとはしていないだろうね？」
　と言われ，残り少ない人生の中で書き残して置きたいことは5冊ぐらいあったので，無論，私は，「まだ書きたい書物はたくさんあります」
　と答えていました。しかし，その時には本書は入っていませんでした。
　そして今年，2018年の殺人的な暑さを避け，バリの会[21]を兼ねてバリ島行きの準備をしている時，先生の研究会のやりとりの対話が綴られた，『治療のこころ』という本を頂きました。それはもう23巻となり，現在なお続いている書物です[22]。この継続への力の一つは，私には，先生の言う，「あとに続く人にできること」への熱い心情と使命のようなものに力づけられたものと，私は強く思いました。
　そして，バリのヴィラの大きな自然の中で湧き出てきたのは，言いようのない焦燥感や未達成感でした。それは，私への実存的な問いかけのようなものでした。
　結局，自分で支え切れずに妻にも相談しました。そのようにせき立てられる何かを巡って，やっと出てきたのは，新たな公認心理師の国家資格制度への懸念と我々の世界に起こっている心理臨床の質の低下についての事実とその歴史的な問題についてのことでした。それは，これからの心理臨床へのぬぐいきれない懸念でもありました。

　また，神田橋先生の話となりますが，いつか先生が，
　「独断と偏見は大切だよね。だって，我々はそのおかげで自分を作り上げているのだものね」
　と呟くように話をされていたことを思い起こします。
　我々が，自分が生きて考えるという作業は，独断と偏見を抜きには考えられないでしょう。自分の目で見て，感じた事実の認識により，自分を作りあ

げています。ある意味で独断と偏見によってこそ，我々は我々らしく在るとも言えます。

　強いて言うなら，その独断性という主観が，どこまで洗練されるかによって，客観的な事実と，その照合による質の相違はあるでしょう。

　「独断と偏見」と言えば，面接において，「私」という色眼鏡で来談者と対応するがゆえに，来談者の中でそれが触媒となり，化学変化を起こすのです。それが来談者の中でさまざまに姿を変え，自覚となったり，気づきとなったりするものであり，「私」という色眼鏡，独断性という主観の洗練は非常に重要なものであると，私は考えています。

　だから本書の主張は無論，私なりの独断と偏見に満ちたものですが，私なりに極力，その主観の「洗練」をしたつもりです。

　私は私なりの理念により本書を綴っています。しかし，これも神田橋先生のつぶやきですが，

　「理念ほど，やっかいなものはないね。だって，多くの戦争に先立つものは理念の相違だものね」

　と言われます。

　私は頭ではそれを分かっているつもりですが，私の心が，理念だけでなく，その方法と深い願いをセットにすることにより，理念対理念の不毛性を越えようとあがきました。本書はその私の心のあがき，そのものです。

　私は体質的に，本質的で理念病的だと思います。だから，本書は，「その体質病を，上手に丁寧に生ききってやれ」という思いで綴りましたが，やはり，理念病を生きるという作業は，リバウンドがきたり，後悔したり，恥ずかしい思いをしたり，とても疲れたりしました。あまりに自分に向かい合い過ぎると，疲れるものです。

　「私」という独断と偏見は自然に作り上げられるものですが，その洗練となると，とてもエネルギーがいります。しかし，その洗練こそ大切だと言いたいのです。

　よく考えても見てください。我々は主観的な独断と偏見で生きています。我々はその独断と偏見それ自体であり，それによって，私という自己が形成されてきて，その独断の洗練により，生き方を考えながら生きています。

　臨床現場や来談者が求めているのは，その面接者の洗練された主観なのです。だから本書では，生きた体温のあるあなた自身の体験すなわち，生きた

面接者の主観の重要性を繰り返し述べているのです。

　そして，同様に本書に対して，それぞれが，あなた自身の生きた主観をもって，どう受け止めるか，あるいは，どう反論するのか，そこから新たな主観が自由に広がり，羽ばたいていくことを願っているのです。

増井武士

目　　次

序（神田橋條治）　3

はじめに──独断と偏見と主観の洗練……………………………………5

第Ⅰ章　私が歩んできた心理臨床の道……………………………… 12

1　日本心理臨床学会の巨大化と私………12

（1）その発端　12／（2）中堅心理臨床家の集いの企画　13／（3）学会理事や常任理事の選出　14／（4）常任理事として，倫理委員長として　15／（5）編集委員や臨床心理士会の役員として　16／（6）資格と倫理　17

2　ある企業での仕事と心理臨床の質──内なる資格とその評価………17

3　大学病院精神療法外来の立ち上げ………22

（1）上司を患者さんと思うこと──ある思い出　22／（2）いろいろなメリット　26／（3）精神療法外来の立ち上げ　27

第Ⅱ章　スクールカウンセラー制度の導入と心理臨床家の質の低下
……………………………………………………………… 30

1　スクールカウンセラー制度の功罪………30

2　これまでの臨床心理士の資格は，一体，何だったのだろうか？………32

3　心理臨床は資格が行うものではありません………35

第Ⅲ章　資格問題への長年の懸念……………………………………… 37

1　心理臨床家としての資格は誰が決めるか？………37

2　医師国家試験との決定的な違い………38

3　研究業績と臨床の質………39

4　我々の仕事はサービス業か？………40

5　内的資格の探求とその評価………40

第Ⅳ章 公認心理師の試験方法に対する懸念と疑惑……………… 43

1 試験方法の妥当性についての疑惑………43
2 心理臨床家の資格を鋳型で決めてよいものか？──「心のうぶ毛」と「鋳型」………45
3 関係解決型思考と自己完結型思考………49
4 正解と現場………55
5 来談者が感じる資格についての重要性………56
6 質の低下のつけは来談者が払い続けている事実………56
7 近代合理主義の明と暗………58
8 本書の願い………59
9 試験方式の変更の提案………59

第Ⅴ章 心理臨床における質の低下………………………………… 62

1 公認心理師資格にまつわる危機感………62
2 歴史的背景………64
3 心理臨床家の仕事の質はどこで決めるか？………64
4 ここで言う心理臨床の質の低下とは………65
　　（1）給料だけが目的の人達　66／（2）徒党を組みたがる人達　66／（3）他人に取り入り利用する人達　67／（4）理論や方法で心不足を補う人達　68／（5）地位に必死にこだわる人達　68／（6）来談者を事務書類のように扱う人達　68／（7）カテゴリー分けにこだわり続ける人達　69／（8）傷口に塩を塗る人達　70／（9）心音痴といえる人達　70／（10）上司として職場を乱す人達　71／（11）地位や社会的立場に恋々とする人達　71／（12）人格者を装い組織を支配し，その根っこを腐らせていく人達　72
5 質の低下のありのままの姿の理解………74
　　（1）質の低下の理解の必要性──「能力」そして「願い」という文字をつけてみる　74／（2）鈍感能力の臨床的な適応　76／（3）心と頭の賢さ　77／（4）頭がさとく心が疎い人の陥りやすい罠　78
6 組織における質の低下とその知恵………80
　　（1）不登校・いじめ等対策協議会　80／（2）ある校長会の話　82／（3）形式とその知恵──神経症レベルへの自閉療法　83／（4）「形だけ」の持つ治療的な意味　85

第Ⅵ章 私の治療的面接の原則論──心の「いのち」を聴くこと… 87

1 治療的面接における日常性の大切さ………87
2 私という原点に常に戻ること………89
3 自己自体感と生き物としての面接………90

（1）自己自体感の心の位層と底辺からの理解の必要性　90／（2）「生き物」としての面接と各位層　96

4　素直さを失うことと自己自体感の回復………97

（1）ありのままの自分を受け入れる簡単な練習方法（ワーク）　97／（2）素直さを支える大きな願いとそのワーク　99

5　対応論………101

（1）自己自体感の必要性――心の断捨離　101／（2）「にもかかわらず」「しかしながら」というフレーズの大切さ　102／（3）「すみません，私は初心者ですので」という前置きの勧め　104／（4）来談者の知る権利や拒否権を大切にしよう――来談者の独立宣言としての拒否能力　105／（5）レジメを作らないでおこう　109／（6）陪席の勧めと自分なりの方法論の構築――技法と自分の関係　111／（7）直感の正当性――良きスーパーバイザーに出会おう　112／（8）ケースにおける自分の事実を記載しよう　114／（9）上を向いて歩こう　114／（10）学会の巨大化と地方と自己の活性化　116／（11）門を出て聞いてみよう　117

終わりに……………………………………………………… 119

（1）ある迷い　119／（2）極めて私的なこと　121／（3）私の気づきと願い　122

お礼の言葉　123
参考文献　125

来談者のための治療的面接とは
──心理臨床の「質」と公認資格を考える──

第Ⅰ章

私が歩んできた心理臨床の道

1　日本心理臨床学会の巨大化と私

（1）その発端

　今の巨大化した心理臨床学会の成立の発端を歴史的にみると，その一つとして，約50年前，まだ学会ができていなかった頃，3大学院合同宿泊研修会という催しまでさかのぼります。

　その昔，私が九州大学で助手をしていた頃です。誰が提案したのか，定かではないのですが，九州大学，広島大学，京都大学がジョイントして3大学院合同宿泊研修会を催したことに始まると思います。その宿泊研修会には，京都大学からは今は亡き河合隼雄先生や，九州大学からは成瀬悟策先生や前田重治先生，広島大学からは鑪幹八郎先生方達が，各大学の心理臨床専攻の大学院生などと一緒に宿泊してケース検討会を始めました。

　その研修会で実質的に動いていたのは，各大学の助手3名で，その3名がやたらと馬があいました。広島大学の一丸藤太郎さんと京都大学の川上範夫さんと私です。そこでは，夜中までマージャンをやり，眠い朝，勉強会への参加を印象づけるために真っ先にどうでもよい質問をして，後で部屋に帰りまた寝るなど，ほとんど私は真面目ではありませんでした。ですから，お互いが

　「こういう人間が助手をして生きているのだから，自分も生きていることが許されるよね」

　と，それぞれが同じように思い合っていることが後日わかり，大笑いの種になりました。そのような参加のしかたを温かくつつみこむような大らかさのある研修会でありました。

　こうして何年か3大学院の宿泊研修会をする間に，他の臨床心理学専攻の

大学院生をもつ主要大学がその会に参加を希望したので，

「それなら一層のこと，学会を作ったら」

ということになり，今の日本心理臨床学会ができたような経緯があります（他にも要因はありましたが，一つの機運になったと思います）。

当時，似たような名称で日本臨床心理学会というのがありましたが，社会的な思想背景が濃密であり，その背景を本意としない大半の先生方には，自分の研究やビジョンを活かす学会がなかったのです。日本心理学会もありましたが，そこでは臨床ではなく，実験的な研究が中心でした。

その日本心理臨床学会発足当初は，規模も少なく，あの人，この人にあふれて懇親会も含めて楽しかったのです。

そして瞬く間に学会の会員数も驚くほど増え，今の臨床心理士の資格問題が出てきたという訳です。当初は，資格制度などなく，スクールカウンセラーなどの資格を経済的に裏づける制度などまったくなく，臨床心理学の専攻理由は，もともと好きか，心についての探求心だけでこの道を専攻していました。だからこそ，

「そのような資格は，紙の上での資格ではないか」

という，うっすらとした暗々裏の疑問は多くの人達にはありました。そして，この臨床心理士の資格ができた当初から，私は我々心理臨床家の資格とは，そう簡単には決められないものと思っていましたので，資格への懸念は今に始まったものではなかったのです。来談者の苦しみという重い課題に対して，本来の臨床の資格はこの紙切れのようなもので計れるだろうか？　実際の資格試験とそぐうのかという大きな懸念でした。

このような疑問を持つ間にも，心理臨床学会はどんどん会員数が増え，学会は大きくなり，徐々に学会の非人間化や学会員と中枢部の解離や学会の不透明さや，ある種の権威性による非活性化が目につくようになってきたと，私は思います。

（2）中堅心理臨床家の集いの企画

そこで前述した3大学院合同宿泊研修会の私を含めた助手3名が中心となり，心理臨床学会で，中堅心理臨床家の集い，という自主シンポジウムの場を設けて開催することになりました。そのシンポジウムの当初は，

「学会は皆のもので，のびのびと意見を述べることをして楽しもう」

というぐらいの意図で始め，何の権威と形式にも捕らわれず，素直に自分やその考えを語っていたのです。そこには笑いがあり，遠慮のない伸びやかな自己表現がありました。当初は，いわゆる学会のアカデミズムに対してアンチアカデミズムをあまり意識なくやっていたようでした。そのシンポジウムが予想を越えて学会員の支持を得て，友達の友達は友達，というように仲間が広がり，また，そのシンポジウムの参加者もいろんな人が集まってくれました。

たとえば，1988年の日本心理臨床学会第7回大会の発表論文集によると，当時，奈良女子大学の川上範夫，広島大学の児玉憲一，北山医院の北山修，広島大学の一丸藤太郎，愛知女子短期大学の菅佐和子，東京都精神医学総合研究所の溝口純二，京都大学の菅野信夫各先生と私です。他のたくさんの先生達の名前は，手元に資料がないので，ぼんやりとした記憶だけではっきりと述べられません。少なくとものべ20名ぐらいいたと思います。

（3）学会理事や常任理事の選出

このような経緯で，数年経ち，学会運営の硬直化や老朽化が目立つようになり，そこに参加してより興味深い学会にするために，自然に学会の改革を目指すようになりました。そして，多くの学会員の支持を得て，私達は理事や常任理事に任命されるようになり，学会の体質改善に向かうことになりました。1995年前後だろうと思います。私は常任理事を3年の任期を2回して，6年間勤めました。当事は学会と臨床心理士会は紙の表裏のような関係で，よく資格問題も学会理事会や常任理事会で検討や討論がされていました。

私の任期の終わり頃に聞いた話では，1995年ごろ，スクールカウンセラーがスタートした当時，文部省の研究事業であった頃の時給は1万円で，個人開業の人の1時間あたりの稼ぎを元にしていたと聞きます。最初の数年でさすがに高いということで，時給8,000円ぐらいになったようです。そして2000年以降，教育に関する予算が，地方自治体に移り，ここから，時給の"自由化"が始まります。現在は時給3,000円〜5,000円程と聞きます。

いずれにしてもこのような経緯で，私ないし私達は学会の代表となりました。しかし，我々のこの運動は，学会のルネッサンスになってくれたら，という思いであり，決して学会の中心のメジャーになり続けることなどとは考

えなかったし，その努力さえもしていない点が特徴的だったと思います。何故なら，メジャーになり続けることは，我々の中堅心理臨床家の集いとの主張とかけ離れており，本質的に自己矛盾をはらんでいるからです。健康な組織体であるためには，その幹部がそれに固執するのではなく，革新的に入れ替わっていくことが，組織的にも，人間的にも好ましいのです。流れないものは，よどんでいきます。それは自然の摂理であり，固執して官僚化するのは，それにしがみつこうとする人々の私欲に基づくものかもしれません。またその組織の腐敗を進行させるでしょう。

（4）常任理事として，倫理委員長として

　当時の学会の理事長は，今は亡き河合隼雄先生でした。強くて厳しい先生だと思い込んでいましたが，何につけ，私にとっては，良き理解者であったように思います。個人的な相談にも頻繁にのって頂きました。私個人にとって，幸運な巡り合わせでした。特に本質病的なところのある私に，その長所や短所を細かく教えてくれました。そして社会的対面の大切さとか，形の大切さも教えてもらえたような気がします。

　常任理事として何をしたかと私自身に問いかけてみると，とにかく目線を学会員とともにしようと心がけたのは確かですが，客観的には，余り斬新なことは，それほどしていないと思えます。後に述べるように教育会の組織ほどの事務性はありませんが，組織上無いと困るという意味で，それが在るということ自体が大切なことと思います。だから，たとえば，半分本心，半分冗談のつもりで，

　「我々は常々ゆっくりすることを大事にしようと言っていますが，学会では朝から夕方まで勉強づくしで，学会のプログラムに，何もしないでいる時間を作ったらどうでしょうか」

　と，ふと思いついて冗談めいて提唱しても，

　「それは面白いね」と河合先生は軽く乗ってくれましたが，

　「冗談は，よしこさんです。他のプログラムはどうなるのですか？」

　という他の理事の方からの冷たい視線に出会ったりでした。

　しかし，学会主催のシンポジウムで，

　「私たちは，形だけでも学会の責任者になっている以上，私たち自身がどのようなスーパーバイズを受けてきたかを素直に語る必要があり，かつ面白い

のではないでしょうか」

と常々思っていた持論を提案すると，河合先生の即座な賛成もあり，実現できた[8]と思っています。

それから，「さほど仕事が多くない」という前田重治先生のアドバイスもあり，私は倫理委員長となりました。友人に，「最も見合わない役職」と笑われながらでしたが，この方がきっちり仕事をしたという実感を持っています。なぜなら，私にとって，単なる倫理規約や倫理規定という外的倫理よりも，どのように自分の仕事の質を上げていくかという「内なる倫理」とは，とても重要な課題であったからです。

細々と説明できないある事件で，四面楚歌になりながらも，私としての倫理に対する考えを変えずに踏ん張り，結果的には学会や渦中の方のためにもなったことなど含めて，自分でも自分を誉めてやりたいほど動きました。

また，当時，心理臨床での用語の使い方などが，しきりに討論されていました。これは職業倫理にも関わる問題なので，莫大な数の学会発表の，発表テーマにふさわしい用語が使われているかなど，ホテルに泊まり込んで，すべての発表をチェックなどしました。

また，日本心理学会の依頼を受けて，心理臨床学会における倫理の問題を，「内なる倫理と外なる倫理」[25]という内容にして報告もしました。

これは，「内なる資格と外なる資格」への問題意識が向かわない限り，倫理問題はつまらない問題にしかならないという私の主張とでも言えます。すなわち，外なる倫理や資格にこだわると，倫理規約や資格だけにこだわることになり，質の悪い，今までどおりの倫理問題になってしまい，内なる倫理や「資格」に向かうと今までの倫理問題がさらに深まるという持論です。

（5）編集委員や臨床心理士会の役員として

当時は学会の常任理事は全員，学会誌の『心理臨床学研究』の編集委員を兼任することになっていたようです。この仕事は，多い時で，年間 10 本ぐらいの投稿論文の査読と採否を決めるコメントを書かねばならず，臨床論文のあり方について，ずいぶん勉強させられました。

また，日本臨床心理士会の全国区や地方区の代表としては，当時は，立ち上げ途中で，いろいろな会議に参加したり，さまざまな研修会や研究会の講

師の要請に応えていました。

　本来，役職や形式などの体裁をあまり好まない私が，そこまでやってこれたのは，苦悩する人の心に関わる専門家の集まりである組織だからこそであり，またそして，やはりその専門家達はそれなりに面白かったことにもよると思います。

（6）資格と倫理

　私が心理臨床の質の低下についてこれから述べたいのは，資格と資格者との倫理問題とも共通していると考えるからです。

　かつて私は日本心理学会からの依頼で，日本心理臨床学会の倫理委員長として，倫理問題について報告を求められ，「内なる倫理と外なる倫理」というテーマで報告しました[25]。先ほど少し述べましたが，その報告は本論でいう「内なる資格と外なる資格」という表現にぴったり符合するので，以下に示します。

　倫理（資格）問題を考える時，外なる倫理とは，現在ある倫理規定は心理臨床家が守らねばならない最低の言動規定であり，それをあれこれ論じるのは，倫理問題をこね回すだけで，さらなる次元への何の発展性もありません。しかし，問題を，内なる倫理（資格）問題として問うなら，心理臨床家としてその方の質の向上などの問題と関係していて，その人なりの倫理形成や自己の臨床とのすり合わせによって，さらなる質の良い倫理問題の内なるテーマとなるでしょう。そうなれば，外なる倫理問題は，とるに足らない問題となるといった主旨です。私の理論的な資格論はこの辺りから始まっています。

　上述の倫理の部分に資格という言葉を入れかえてみてください。

2　ある企業での仕事と心理臨床の質

（1）内なる資格とその評価

　内的資格の質を高めようとしている方はたくさんおられます。その中で具体的な仕事のやり方やチーム作りなど紹介したいのですが，他の方の場合はそれほど詳しく内情を知らないので，自分なりの仕事のやり方について記述したいと思います。私は週に半日の仕事を約 40 年，ある企業で勤めてきました。産業医に聞くと，その間私は無欠勤だったらしいのです。そう言えば，

面接の約束の日に休まないように無意識的にひどく気をつかっていたようです。

　私は企業なり病院なりの心理臨床についての仕事の依頼があった時，私が越えにくい課題，すなわちジェンダー（性的役割）の問題については異性のパートナーをセットにしてもらっていました。また，ジェネレーション（年齢）の問題については，若い方の協力をセットにしていました。その時，重要な要件は資格の有無ではなく，人間性とその方の共感能力という心の賢さで決めてきました。それらの方は皆，女性でした。どちらかというと，女性の方は心がさとい人が多いように私は思います。

　後で詳しく述べますが，資格だけは持っているという形だけで内実が伴わない資格者はたくさんいます。そのような方は私の仕事には無用であり，それよりも資格がなくても，共感能力と治療的関係作りなどの来談者の面接の満足度や仲間との疎通性などを考えると，圧倒的に，私は心が死んだような有資格者よりも来談者の満足度を達成できる方を即座に選びました。

　また，その企業において，私が大切にしたのは，能力給与にしてもらったことです。スクールカウンセラー制度のような時給の弊害を避けるためです。私は，最初は固定給でしたが，それを変更して，「年間 2 人自殺したとして，物心ともにかかる会社の負担金額をベースに考えてください」と提案するのは，とても勇気がいることでした。しかし，長い先をみすえると，そうせざるをえませんでしたし，そうした方が良かったと思います。それを能力給として，1 年ごとに変更するという案です。「場合によっては，前年より減給してもいい」と伝えました。会社の人事係は，その提案を素直に受け入れてくれました。

　組織内で，上司と来談者とその組織との疎通性がよくないと，我々の仕事，特に企業における仕事はやりづらいのです。疎通性が悪い場合でも，来談者を媒介にして疎通性をつくるという大事な仕事を，私は意図的にしてきました。

　このようにスタッフを組んで，ある企業に 1 週間の半日だけですが，私なりのやり方[15]で働いていました。私はそこで徹底したのは，虚無としての産業カウンセリングと「実務」としての産業カウンセリングに分けて，実務としてのカウンセリングを徹底して行ったことです[16]。

　虚無としてのそれとはたとえば，来談者が職場不適応を起こした場合，そ

れを本人の自我の弱さや適応能力のなさとしてとらえ，その自覚と洞察を促すような面接です。このような面接では，実務のそれに比べて，来談者の面接の満足度が激減するでしょう。

　実務としてのそれとは，たとえば，本人にどういう部署なら，もう少し安心して働けるかを吟味させて，別の部署が明確になったら，その部署への異動について必要なあらゆる実務を，来談者と共にするのです。たとえば，異動のための意見書，依頼書など来談者と一緒に考え，それを作り，それをコピーして，来談者が希望するあらゆる部署や特定の人に送り届けたり，精神科外来の投薬が必要な場合，その紹介状を一緒に考えたりすることです。もし，夫婦のいずれか，家族のものにその症状や病気についての説明が必要な時，来談者にその希望を聴き，それら一つひとつを的確に行っていくことです。その時肝要なことは，面接者が勝手にそれらの文書を作るのでなく，来談者と共に作ることです。電話一つする場合でも，その内容がリアルタイムで聞けるためにも，来談者がいる所でするのです。このような作業は単なる気持ちの共感を超え，次元の違う「行為のレベルの共感」となります。

　本当に来談者の身になれば[5]，「行為のレベルでの共感」とならざるをえませんでした。

　「仮に自分が，目の前の来談者であるなら，どう取り扱われたいのか？　どうしてもらいたいのか？」

　が，私の心の底に一貫してある面接理論の原画なのです[5]。

　それが，本当に，来談者の「身」と，成果としての「実」になるということです。そこが極めて肝心なポイントです。このようにしていると，１年ぐらい後には，面接の予約希望者が１カ月以上先まで埋まるようになりました。

　ここで大切なことを述べますが，来談者の数が多いのは，その企業自身がもっている問題が多いのではないかという誤解をしてはならないということです。そのように安易に考える人もたくさんいるのです。他の不健康な企業は抑うつ症などの患者さんが発生した場合，会社にとって都合が悪いこととして隠蔽に必死なのです。たとえば，その方を窓際族に追いやり，本人が辞めるように促したりして，会社自身は従業員に何も問題がないという形を作るようにする堕落した組織体も，実に多いのです。それはあたかも，ある家族が何の問題もないような形を世間に見せて，その内実は非常に問題が多い子どもを抱えているような実態と同じことです。

体裁を作るために，中身がボロボロになる→中身がボロボロなのに，体裁を作る

それが悪循環となるのです。

健康な組織体は，健康な人間と同じように，できるだけ早めに，問題ができたら相談する，病気になったら，早めに病院に行くということができやすいのです。だから，調子の悪くなった人は早めに相談するという会社の方針が定まり，比較的に早く回復して，世話になった保健士や相談スタッフや上司に感謝し，感謝された方も喜ぶという好循環を発生させるのです。分かりやすく書くと，最初は，

能力給与の査定
→私なりの仕事の質を上げる工夫と実践
→目の前の来談者の満足度が高まった
→来談者の口コミにより，関係する部署の評判が上司こみで高まった
→来談者が来談しやすくなった
→評判が各部署に広まった
→各部署から来談者が増えた
→会社全体に評判が高まった
→来談者はより安心して，来談しやすくなった
→重症化する前に来談する確率が高まった
→来談者の回復が早まった
→会社の人的資源の損失が減った
→その目に見える成果によって，相談スタッフ，世話をしてくれている保健士の意欲が高まった

という好循環が生まれる結果となりました。この過程を生み出すのは，決して容易な道ではありませんでした。死にたいという人には，その気分が高まったら，夜中でもいいからメールすること，万が一の場合，自殺の実行は，私の面接の後でするようになどの約束を取り交わしたりもしました。夜中にメールが入ることも頻繁でした。私の面接やその方法においては，自殺予防

に関しても，五重にも六重にも配慮を重ねたものと言えます[16, 17]。そして結果的には私の知る限り，1人の自殺者も出ませんでした。

　スクールカウンセラーも同じような事態に置かれると思いますが，単なる話を聴くだけではなくて，必要なら，来談者の希望を確認して，取り巻く環境について，実務として働きかけをすることです。たとえば，家族や友人，担任への連絡とか，本人の希望を確認して，慌てず，一つひとつ丁寧にする方が良いのです。来談者が多い場合は，メールとか，いろいろな伝達方法の工夫が必要になってきますが，要は来談者の求める代理自我の部分を，共感を得ながら，面接をともに生きることなのです。
　言わば，来談者にとっての significant others（意味ある他人）を明確に見定めて，来談者の代理自我を面接の場面で「共に生きる」ことです。
　神田橋先生のスーパーバイズでの，
　「とにかく，心理臨床というものは，こまごまと患者のために動きまわるのが大切な仕事になってくる」
　というコメントの意味がやっと経験として分かるようになりました。

　来談者の満足度を高める質の良い仕事を私なりに考えると，あれもこれもあり，それらをまったく手抜きせず，多忙と言えば本当に多忙，充実と言えば本当に充実感に満ちた仕事でした。
　そして，ある関西の産業臨床に携わるバイジーから，ある研究雑誌の報告で従業員の精神衛生に関する満足度は，私が関わる企業が日本で一番高いという調査報告がある学会誌に出ていたと聞いた時，私は嬉しくもあり，何か当然な気持ちもしました。私を含め，皆さん非常勤で，週半日〜1日，多い時で5名でした。会社の規模はその当時，約6,000人でした。他の企業では数名の常勤のカウンセラーを雇っていましたが，我々の仕事の質を決めるのは，その時間の量でなく，その時間の質であることを再確認しました。
　ある規模以上の企業は，産業医の雇用が常勤であれ，非常勤であれ法的に必要とされています。その産業医は，以前の専攻や医局での所属教室が眼科や皮膚科でも構わないのです。しかし，産業医としてはどうしてもメンタルの問題を避けて通れません。来談者の充分な満足を得る面接を，すべての産業医から受けることは難しいのです。私は法的に必要とされるよりも，実質

的に必要な存在になりたかったのです。

　このような仕事をして与えられた報酬はかなり高額でした。それは私の経済だけのためではありません。後に続く者への，一つの目標なりサンプルを作りたかったのです。仕事の質をあげようとして，上がれば結果として，経済の質もついて回ると言う事実を，身を持って本当に示したかったのだろうと思います。

　自殺に関してですが，日本の心理臨床家が，平均何人の患者さんないし来談者を受け持っているのか判りませんが，私は多い時の受け持ち患者は，他の病院の手伝いや企業と医科大学病院の外来や私個人のメンタルオフィスや各病院の入院患者を含めると30名以上だったと記憶にあります。

　私の密かな私自身との固い約束と治療方法論の中には，「私が担当する限り，一人の自殺者も出さない」という強い約束なりそのための方法論であったりします。今までその約束が守られているのは，私が治療方法において配慮を払い続けている結果だと思います。逆に，自殺予防が私の方法論の基礎になっているとも言えます。

　注意すべきは，私の場合，患者さんが遠方の勤務先に変ったり，入院して担当者が変ったりする時です。このような時が最も恐いのです。私は患者さんに「このような精神的なケアは他では余り期待しないように。都会ではお金もかなりかかるかもしれないから」と，そっと何度も耳うちをしていたにもかかわらずです。大切な事を公けにするとそれが壊れるというジンクスが成就しないことを念じつつ示します。

3　大学病院精神療法外来の立ち上げ

（1）上司を患者さんと思うこと──ある思い出

　すでに30〜40年前の話で，ご本人の了解を得ようとしても亡くなられたので，もう時効と考え，述べてもいいように思いますので示します。

　私は労働省（当時）が産業医の育成を目的として設立した産業医科大学の医学部で当時，臨床心理学教室に所属していました。ただ，その呼び名は時として医学心理学教室とか，単に心理学教室とか変わったりしました。ですから私の正確なポジションというか所属は医学部であり，大学附属病院では

ありません。そことは実質的で法的な決まりでは，私は病院とは元来関わりはありません。大学附属病院に正式に関わるなら，そこの併任の辞令が必要です。もちろん，同じ医学部内なので給与などは変わりませんが。

　話は少し逸れますが，ここで私が長年つちかってきた私の精神文化の風土となっていた産業医科大学について少し述べておきたいと思います。

　産業医科大学とは産業医の育成のために，労働省（当時）が文部省（当時）の干渉を嫌い，財政的には労働省が負担して，大学形態としては私学の形態をとり，労働省からの役員として理事長や理事という名目で，教授会と提携しながら大学運営を行うという構造になっている大学です。ちょうど防衛省が防衛医科大学校，総務省が自治医科大学を持つような形態と似ています。設立以前の準備段階から私は赴任して，当初は医学部と医療短期大学部に分かれていました。初代学長は，名称が似たような大学で九州産業大学という大学がすでにあり，その大学に医学部ができたとよく勘違いされたので，職員に徹底してそのような間違いがないように，わざわざおふれを出したことがありました。初代学長には，理想の医科大学にするための多くの理念があり，また情熱もありました。それゆえ，他の大学と間違えられるのはとんでもないということだったようです。

　どんな社会でも良いところと悪いところがあるのが当然ですが，私にとり他の大学の求人もありながらあえてそこを選んだのは，まずは私の住居に極めて近いところにあり，かつ医学部ではいやというほど心理臨床の仕事があると思ったからです。そして，この医学部の良いところは，予算や人事や役職とか，損得が絡むと阿修羅のような姿で平気でやり合い，それは醜いものですが，そんな損得に全く関係ないなら，他の教室のすることには徹底して無関心なのです。

　私はこの無関心が心地よく，何をどうしようと自由なので，好きなように講義や演習を行なったり，場合によっては当時アメリカのシカゴ大学のジェンドリンの愛弟子であった池見陽先生を大学に迎えることができたり，いろいろと気楽にやることができたのです。大講堂でたくさんの聞き手を相手に，神田橋先生を招いて公開スーパーバイズを開いたり，定期的に宿泊研修会もできました。

また，野球部の監督として学生と一緒に毎日の練習をしたり，全国大会にまで勝ち残ったり，ヨット部の部長として，ヨットの基本や修理方法まで教えたりして，とても楽しかったのです。

　結局，この私の徹底した周りへの無関心さもあり，何の活動もせず，またいろいろな事情もあったのですが教授会での私の教授へのプロモーションの投票で，賛成票がわずかに足らず，教授になりそこなったのです。そして，退職して10年以上たって，やっと，世の中の上辺だけでも丁寧な挨拶やお願いなどをすることの大事さを思い直しているくらいです。それほど私は周りに無関心で，自分の興味本位で動きました。

　加えて，他の大学に比べて，受け持ち科目を他の先生に代理に受け持ってもらえ，結果的に実労時間が少なく，そのわりには給与体系が高く，研究費は他の文系国立大学などに比べると圧倒的に高かったのです。無論，これらは他大学の仲間から聞いて初めて知った次第です。後に，大学のそのような話をしていたら，アメリカに留学した同職の友人から，

「日本の大学ではなく，アメリカの大学みたいだ」

と言われたことを思い出します。

　また，労働省が抱えるただ一つの大学ですので，事務系の教務職員として，秘書のような方が付けられました。私は就任から退官までその秘書の方々にお世話になりました。要するに私のような身辺の整理が下手で，好きなこと以外興味を持てない人間にはとても向いていたようです。

　住み心地も居心地もよく，大学全体を綺麗にするためには惜しみなく人を雇い，大きな山を切り取って建てられた大学らしく，春になれば，美しい池の周りの桜が満開になり，花見客が溢れ，その池に飼う白鳥がいたずらされたと学長が怒り，大学全体を囲むつつじの生け垣はいつもきれいに剪定され，そのつつじの満開は見事なもので，少しおとぎ話っぽいところでした。

　ですから，就任途中でいろんな大学から声をかけてもらい，中には都会のとても有名な大学からの誘いなどがあり，迷いました。しかし，ある一つの大学を断念した以外，私のいのちのレベルの心は，この大学のあの山，この川から離れることはできませんでした。

　あえて医学部を選んだことで，振り返ると，私は最初から本格的な心理臨

床の場に恵まれ，事実，多くの重症な患者さんに出会ってきました。通常医学部では，精神医学教室の教授がその病院の精神・神経科の責任者となるのです。ところが，その先生は元来，情緒が安定せず，怒り出すと子どものようにむきになり，時には院生達をののしります。だから，大学院生や研修医の先生は，研究報告や事例報告の場を，極端に恐れていました。そして，その怒りに一貫性があればまだ分かるのですが，きのうの怒りときょうの怒りはバラバラで一貫性がなく，気の弱い先生は，まるでダブルバインドにかかったように，自分の発表すらおどおどして意見などは述べられないのです。

また，患者さんへの取ってつけたような笑顔も，少し心配でした。そして，ある時，たまたま参加したケースカンファレンスでその姿を見て，私は直感的に，

「ああ，この人，患者さんだわ」

と思いました。不思議なほど素直にそう思い，「さぞかし寂しいだろうなあ」とも思いました。

余談ですが，医学部には，その資格とポストを外せば，他のサラリーマンのような社会に，到底，適応が困難だろうと思われる人達は，結構いるのです。

所属教室が違うので，互いに別に研究室を持っていた距離感もあるのでしょうが，それからは，自分が暇でその気のある時，用もないのにその先生の研究室に家庭訪問するような感じで，時々顔を見にいくようにしました。

最初は「先生，何か要件でも？」といぶかしい顔をされていました。

「いやいや，特に用はないのですが，先生どうしているかな？ とふと思ったので……」

などと，話になりませんでした。そして，私が部屋を出ようとすると，

「先生，ところで，×××などの件はどうなりましたか？」ときかれたりしました。そして，この気が向いた時だけの訪問も10回以上重ねると，その先生に笑顔も見られるようになったり，よもやま話が出たりしましたが，マックス20分以内で，

「用件を思い出しましたので……」

などと言うことで，さっさと引き揚げるのです。私が，話が込み入ったり疲れたりしないためです。要は丁寧な回診と似ています。すると昼休みに向こうから，

「お昼，ご飯一緒に食べませんか？」

などと，先生が誘ってくれ，ゆっくり話をしていると，

「先生の専門かもしれないけど，僕はエリクソンの言う発達段階の青年期以前で止まっていると思うけど，先生，どう思う？」

「私は先生の言うとおりだと思いますが……」

と，思ってもみないほど，先生は分かっておられたのです。

また，その先生の偉いところは，薬物療法のさじ加減が絶妙で，自分の守備範囲をよく知っていることでした。だから，治療関係を結びづらく，かつ，薬物を拒否する傾向の強い患者さん[17] 達を「いわゆる人間性に問題を感じる」ということで，私の方にどんどん紹介されてきました。

「妙な医者に回すより，先生のような専門家に紹介する方が，余程，安心する」というような意見も，公けの場で述べてくれたりしていました。

もちろん，良いことばかりではありません。研修医の先生の受け持つ患者さんが自殺された時，その研修医の先生は自己の正当性を主張して，ますます家族の怒りが高まったので責任者を出せと言われ，その先生が私に，

「先生はその専門ですから，その家族の方に代理で会ってみてくれませんか？」

と頼まれたりしたこともありました。しかし，これらは私の嫌な仕事ではありませんでした。家族の方にお会いしてその気持ちをゆっくり聴いていくと，結局は子どもを亡くした哀しみや，どこにぶつけていいか分からない怒りなどがあって，それを充分聴くと，自然に気持ちが収まっていきました。

このようなことだけでは決してなく，その先生の用件を私と気の合う病院長に伺いを立てるなど，少々大変でした。

今から考えると，私はその当事，私の考える自閉療法（後述）をあまり意図せず自然にやっていたようです。

（2）いろいろなメリット

このような良い関係がもたらしてくれたメリットは計り知れません。まず，医局の雰囲気が徐々に明るくなってきました。また，いわゆる数字になりにくい研究や学会論文など，誰かが，ないし多くの先生方が賛成したかったことを，私が無難に代弁して，賛同を取り付けることができるようになったことなどです。

第 1 章　私が歩んできた心理臨床の道　27

　私はある意味で，大学の多くの方から，奇人，変人と言われる先生が妙に仲良くしてくれ，時には学会発表の場さえ与えてくれました[18]。
　また加えて，就職を希望している後輩を，その先生の講座の助手として，私が面倒もみられたこともありました。
　私が正式に大学附属病院の併任の辞令を受けたのは，大学附属病院が設立した直後です。もちろん，精神科の，その先生の推挙にもよるとは思いますが，すべての学生が臨床各科を回る実習をポリクリと言いますが，その必須科目として精神療法実習がありました。そのためには 5 ～ 6 名の実習生を精神療法外来の陪席をさせなければいけません。しかし，この人数は患者さんがとても耐えられる人数ではなく，私の要請にすぐ応じてもらい，特別に隣の部屋を分けて，マジックミラーと，面接内容が隣の部屋まで聞こえるように部屋をしつらえてもらいました。このような設備を作ることで，非常に心理臨床教育には役立ちました。
　たとえば，私の面接を観察することによって，何かのケースに行きづまっている先生方が何かのヒントを得たりするなど，このメリットは計り知れないほどでした。また，個人や特に遠方からグループでのスーパーバイズの要請があった時，陪席のあとにバイズができたりします。私の臨床は常にオープンで，陪席を嫌うことなく，必要なら必ず外に開かれ，来談者の了解の上，陪席が可能な形をとっています。
　もちろん，それは心理臨床家を育てる意味もありますが，他者からの感想や意見は，時には，思わぬ私の学びになるときも多いのです。またスーパーバイズに関しては，バイジーの方の臨床力をつけるという意味もありますが，それよりは将来，このバイジーの方がこれから会われる患者さんのためを考えてのことでもあります。

（3）精神療法外来の立ち上げ

　上司を患者さんと思うことにより良い関係を持続することで，とても早く思わぬメリットがありました。
　以前から私は精神・神経科の病院外来に，私なりの独自な精神療法外来を作りたいと思っていました。そのような目的があって，その先生に形だけの挨拶などをしていた訳ではありませんが，それを先生に話してみたら，
　「そうですね。それも必要があると思いますので，金曜日の午後，先生がポ

リクリ実習の時間帯をつかって，精神療法外来の日と決めてやってみてはどうですか？」

と呆気ないほど，簡単に認められました。

私は，みんなが自分の頭で考え，自由に動き，患者さんのもとで心ひとつにして，臨床に当たる集団を作りたかったのです。この外来は，多分，私の長い臨床生活で，これ以上楽しく，忙しく，たくさんの，かつ，多方面方からボランティアで喜んで参加協力してもらったことはありませんでした。そこは，誰が誰か分からないほど多くの人の協力を得ました。

そこでは，研修医の先生方が，自分なりの考えで治療にあたり，解らない患者さんは私の面接に回して，マジックミラーから眺めてヒントを得ようとする臨床教育が息づき，笑いと充実感あふれる時間がありました。

そこでは偶然か，ペアを組んだ，当時講師をしていた大隈紘子先生という女性の精神科の先生とは，もともと馬が合い，その方も「この指とまれ」と言うような人でした。それで，多くの女性のボランティアに近いスタッフが集まってきました。その当時のスタッフは，他大学の教員，ジェンダー施設に勤めている人，大学精神科の研修医，そこの大学院生や九州大学院の方の手伝いや他のボランティアの方を含めて，優に10名は越えていました。

無論，そこでは，臨床心理関係の資格などまったく問題ではなく，一緒に質の良い心理臨床を目指すかどうかが問題で，その問題意識はみな共通して暗黙裡に明確にありました。そのメンバーには，青少年の非行対策にも関わる年輩の女性もいました。今でも時にはその仲間が集まって，同窓会のようなことをしています。

もちろん，面接室もプレイルームもいっぱいで，ボランティアの方達は，患者さんの待ち合い室の一角で話し合いをしていたような状態でした。そのボランティアの方も，私は一切知らない方もあり，多分，噂を聞くか，大隈紘子先生の友達の友達だからなのか分からないことも多々ありました。この金曜日の午後だけで，外来患者さんは多い時には，50〜60人は超えていたような記憶があります。

皆が集まれる談話室には，喋り好きの大隈先生をはじめ，多くの女性達の笑い声が絶えず，教授は時々様子を伺いに来ていたらしいのですが，一切私に任せっぱなしでいてくれました。

研修医の先生からは，

「おそらく日本中探しても，臨床心理士がマネージャーのような役目で，このような外来を行なっている大学病院はないのでは？」という好意的な感想もありました。私もこの大学病院だけで，他にはなかろうと思います。

　私は故あって結果的には，多くの方のお世話を受けながらも，人事とプロモーションには余り恵まれなかったかもしれませんが，その半面，人と仕事には，とても恵まれてきたような気がしてなりません。

　そして，以上のような好ましい事態も，今から考えると，あの上司の精神的安定をただ願ってしたことですが，形だけの面談や挨拶という，私にとっての自閉療法からの恩恵とも言えると思います。また，その外来スタッフから巣立ち，今，いろいろな病院の医院長や大学教授として素晴らしい仕事や組織作りにいそしんでいる先生方ばかりです。

第Ⅱ章

スクールカウンセラー制度の導入と
心理臨床家の質の低下

1　スクールカウンセラー制度の功罪

　私の好きな言葉に,「一人が叫んでも社会は変わらない。しかし一人が叫ばないと社会は変わらない」というフレーズがあります。

　公認心理師の資格認定方法などもその印象が悪く，誰かがその認定方法の是非を公けにして，その欠点を補ってくれるだろうと思っていましたが，今のところ，私の目には，噂のわりには公けの文章が入ってこないのです。

　スクールカウンセラー制度ができて現在に至るまでの我々の心理臨床家の質の変化を，私は細かく見てきましたが，異常なまでのスピードで質が低下しているように思えます。これは，私のみならず，スクールカウンセラー制度に関わってきた者の大半が言うところです。その一因は時給が約束されて，比較的に安定しており，経済的にこの資格は保証されるようなシステムができたことによると思います。臨床心理士であれば，求めれば誰でもスクールカウンセラーをすることができるのです。

　時給には,臨床心理士の内なる資格は問わないし問えないのです。だから,仕事の質など自らに問わず，実のところは臨床の仕事ができないのかもしれませんが，仕事をしたかのように外づらを作り，その給与を当然のように受け取る,そのような人が出てきてもある意味でおかしくないとでも言えます。

　スクールカウンセラーを仮に能力給にするなら，彼らは不要な者として排除されるか，来談者は自然に淘汰して，彼らのもとにやって来ないでしょう。質の悪い例として，子ども達や悩める先生や保護者に接することをほとんど避け，時間の大半を管理職との雑談に当て，その印象を良くし，本来の役割に目を背けるようなスクールカウンセラーもいるようです。

私は，本当のところ，「どうして，心の世界に，資格など，作るのだろうか？」という基本的懸念を，まだ持っています。

スクールカウンセラー制度ができるまでは，我々は金銭的な保証が得られる仕事を見つけるのは容易ではなく，それ故，経済のためではなく，ただ自らを知りたいとか，人の心を詳しく知り，援助したいというような思いから，心理臨床を専攻していました。その時は，その専攻の動機は，割合，純粋だったように思います。だから，ごく自然に，自らの心理臨床の質の向上について，各人スーパーバイズを受けるなどして心がけていたようです。

しかし，スクールカウンセラーの時給システムができてから，心理臨床専攻希望者はどっと増え，各大学や大学院も資格取得のための認定校を目指し，まるで雨後の竹の子がどんどん増えるようにこぞって増設ないし新設されるようになってきました。そして，その認定校の条件を満たすためには，きちんとした教育システムが必要となり，各大学や大学院は非常勤でその教育システムの体裁を整えるのが手っ取り早く，私は，多い時，確か３つ４つの他大学院の集中講義に出かけて行きました。他の先生方はもっと多くの大学院に名前を登録して，非常勤の集中講義に行っていたかもしれません。

スクールカウンセラー制度の設立後，明らかに受験生の体質も変わりました。時給がある程度安定しているスクールカウンセラーなどになれるという大学の宣伝や触れ込みにより，心理臨床専攻科目希望の受験生の偏差値が上がり，受験勉強に強い学生が入学するのはいいのですが，半面，到底心理臨床実践にむかない人間性を持っている問題の学生も増えました。偏差値と心理臨床家としての資質とは，ややもすれば反比例の関係にあるようにも思われます。

心理臨床家としてというより，一人の人間として重要な要件は，「人と自分が違う」という前提を自然に備えて，自分と他人の立場を入れ替えて，他人の眼で考えることができると言うことでしょう。神田橋先生は「このセンスはおそらく先天的なものでエディケーショナブルな要件ではないようだ」と語っていましたが，私も同感です。

ちなみに，このような資質に欠けた心理臨床専攻の教員も数え切れないほどあまたおり，この点については，別途に，心理臨床家としての「私の遺言─30～40年先の若き心理臨床家にむけて」というようなテーマでできたら示したいと思います。

このような問題も含めて，公認心理師の資格試験形式などの問題は歴史的に取捨選択される問題でもあり，今はその歴史の方向の向かい方をしっかりしなければいけない時期だと思います。すなわち，私達の心理臨床家の世代が死に終えた後の後ぐらいの世代の聡明さや，理屈よりも事実から推論できる世代や社会の聡明さを，私は信じています。おかしな「まやかし物」は通じないように，本物と作り物の選別がされていく社会の能力を，私は信じられる気がします。

現任者に対する優遇措置として，受験資格枠がとても広い公認心理師という国家資格試験が設定されました。そして，その試験は膨大な量の記憶と正解発見によるもので，その資格さえ取れば，誰でもなれるカウンセラーないし心理臨床家の資格を「量産」するという少し恐ろしい時代がやって来ているのです。その試験は，単なる専門知識をクリアしているようなもので，人間的資格とはまったく関係のない資格です。この点は以後にもっと詳しく述べようと思います。

2　これまでの臨床心理士の資格は，一体，何だったのだろうか？

この意見や問いかけは，私個人の問いかけというよりは臨床心理士の資格収得に苦労した多くのバイシーや他の方から聞いたものです。

現在の臨床心理士の多くは，その資格収得のために，大学院修士課程終了にむけて，随分苦労して，多くの若い人の場合，多額の奨学金という借金までして，その資格を収得しています。

それゆえ，今までの臨床心理士としての資格はどうなるの？　という有言や無言のメッセージが，私には聞こえます。彼らは，まず，大学院修士課程を卒業して，それまでに数年に渡る心理臨床に関する仕事に携わり，やっと受験資格を得る訳です。その後，論述試験を含む筆記試験を受け，それに合格した後に，面接試験を受け，合格して初めて臨床心理士になるのです。

その面接試験も，心理臨床家としてのキャリア，私見，理論や人間性などを問おうとする努力であり，その面接試験で落ちる人もかなりいます。

この一連のテストなり，受験資格設定は，○×式を中心とした公認心理師の試験方法よりも比較すれば，心理臨床家の資格認定方法としては，ややそ

の試験の妥当性に優れた資格認定方法だと思います。

　そのような試験に合格した臨床心理士でさえ、どんどん質が低下している現状を考えると、何度も繰り返すように、私は、公認心理師という資格は手っ取り早い分だけ充分に心理臨床の仕事を全うできず、実存的フラストレーションを起こし、ある一部の質の低下した臨床心理士が歩んで来たように、資格にアグラをかき、何もせず、したような形だけを作り、いたずらに徒党を組み、質を上げようとする人達の足を引っ張るような、心理臨床家を再生産するのではないかと、とても心配なのです。

　国もそんなに、どんどん資格を安売りして良いものかな？ という素朴な疑問もふと浮かんできます。

　多分、この国家試験の導入母体は、今までの臨床心理士の資格との整合性を何らかの形で考えているとは思っていますが、平成30年8月1日の日本臨床心理士資格認定協会からのメッセージや報告書を呼んでも、「公認心理師との共存的発展」とか「臨床心理士の独自性の自覚」などの抽象的な言葉が目に入り、少し答弁に困っているようなニュアンスを私は払拭できません。私には、まだ、納得できる意見は耳に入っていません。極めて官僚的な答弁のようなニュアンスを、私は振るいきれないのです。

　このような時期にこそ、我々の心理臨床家としての資格とはなにか？ という新たな問いかけは重要な課題であると思わざるを得ません。

　臨床心理士を、公認心理師という中に含めてしまうという話も聞きました。実際のところ、多くの臨床心理士の人は、公認心理師と一緒に扱われることにひどく抵抗があるようです。今、現在は、臨床心理士の会員はそれなりの自己アイデンティティがあり、それをいたずらに変更されるのを望んでいない様子です。

　公認心理師の認定資格試験の後、今現在、臨床心理士の資格をもっているバイジーや多くの人から、いろいろな声を聴きました。

　「公認心理師という名のもとに、合併しなければいけない必要性はどこにあるのか？」

　「認定協会は統一によって、より大きな母体となって、社会的発言権を強くしたいのではないか？」

「別に双方が合体しなくても，それぞれが独立して，お互いが刺激し合い，それぞれの向上につながった方がいいのではないか？」

「公認心理師の認定試験を受けて，試験問題が実践的でなくて，明日の仕事には何の役にも立たない感じがした」

「試験合格のための予備校さえできたけど，そこを出て合格しても，本当に臨床の仕事ができるのだろうか？」

「あの試験を受け胸が悪くなった」

「大きな声では言いにくいけれど，社会的に一般の人からみて，心理師という資格を持った人のレベルが下がって，低く見られるのが一番こわい」

　残念ながら公認心理師の試験方法の妥当性を支持するような意見は，私の耳には一人も聞こえてきませんでした。

　私個人としては，本論で示したように，外的資格などはどちらでも良いのですが，臨床心理士会をはじめ，日本産業心理学会など，その他，いろいろな学会やその資格認定組織は，おしなべて「来談者の面接における満足度」という意味では共通しており，それらの団体は，皆，家族として考えています。しかし，それは，臨床心理士と公認心理師が合体して，統合した方が良いという意味では全くありません。

　その家族とは，それぞれ別々であって，一つであり，また，一つであって，別々であると考えるからです。その家族の健康性とは，その別々が大事であって，その別々が意見の交流という，時には論争という摩擦を起こすのが当然です。それに，安心して摩擦が起こせるのが，家族の健康度でもあります。それが家族の証拠なのです。その摩擦を，家族は一つという名のもとで，押さえつけたり，まとめたりしようとすると，いわゆる家庭内問題が発生してくるのです。そういう意味では，臨床心理士と公認心理師を無理に統合して「家族」を作っても何の意義があるのだろうか？　と首をかしげたくなります。たぶん私が「社会的」「組織的」音痴のためかも知れませんが，このような疑問が続出してきます。現状の臨床心理士会などは，一度全てを解体してまた新たに会員の総意に基づく規約改定に向ってもいい時期に来ているとさえ，個人的には考えてしまいます。

3 心理臨床は資格が行うものではありません

　当たり前のことのようですが，心理臨床，特にカウンセリングや心理，精神療法は，資格が行うのではなく，その人の「人としての有り様」が行うのです。もっと具体的には，「今，ここで進行している面接で，来談者の感じている何かと，あなたが感じている何かとの関係の質」が決める問題でもあります。だから，その人の有り様自体が低下してしまっている面接での関係の命は，死に絶えているのに近いかもしれません。そのような事態では，その人達は来談者にとっては，まったく資格がないことになります。

　たとえば，統合失調症の方が，よく掃除のおばちゃんになつき，掃除をしている傍らにまとわりついて，何やかや話そうとしています。そして掃除のおばちゃんは，

　「今，掃除に忙しいから，話は後にしといて。話を聴く先生もいるでしょう」

　と言っても，それでも，ついて回る患者さんもいます。そして，担当医師や我々には，多くの場合，

　「何も変わりありません」

　と述べ，頑なに話そうとしません。その時，患者さんにとって話をする相手として資格があるのは掃除のおばちゃんであり，我々ではないとも考えられます。患者さんにとって，我々の資格と業務が邪魔をしているのかもしれません。

　「こういう事態について，あなたはどう考えますか？　あなたならどのように対処しますか？」というやや難しい問いも公認心理師の試験問題として出題できると思います。

　私達は掃除夫のそのおばちゃんにはなれませんが，その方から，下心のない自然な関わりと，素朴な実直さや素直さの大切さは学べます。

　このようにして，我々のいう資格がない方でも，優秀な心理臨床の仕事ができる心の有り様が素晴らしい人は，たくさんいます。再三述べますが，私の仕事を手伝ってくれる人は，まったく資格の有無など考えず，ただ，心根

がやさしく，心のセンスが良く，来談者の立場と自分の立場とを平等に考える感覚が身についている方を選んでいました。

　そのうちの資格のない方は，私が依頼を受けた企業のメンタルヘルスに関する仕事のパートナーの一人です。杉井さあ子さんという方ですが，彼女はその後とても成長されて，福岡県の宗像（むなかた）・遠賀（おんが）保健福祉環境事務所就職相談員となり，生活保護者への自立支援で，自立への就労率が日本一となり，厚生労働省から表彰を受け，その厚生労働省のキャリア組約10名が，いったい，どのようにして，そのような素晴らしい成果を得られたかということで，その現場視察に来られたそうです。

　その方のバイズでは，

　「あなたが，仮に，目の前にいる相談に来た人，支援を求めている人だったら，どうしてもらいたいか？を，常に考える癖をつけたら良いと思いますが……」

　と，私はよく言ってきました。彼女はそのアドバイスどおりに，相手の方をわが身に置きかえて，「私だったら，どうしてもらいたいか？」と，彼女は親身になって考え，細々と支援活動を行ってきました。社会の底辺とも言える所で生きている人達から学ぶことも多く，また，そこから自立していく人達の喜びは大きく，共に喜び合い，彼女自身の成長とともに，その現場を目にした周りのスタッフが育ちました。そこのスタッフは「彼女だったら，どうするのか？」と考え，動くようになり，分からない時には彼女に尋ね，心細い時には一緒に動いてもらうようになったのです。そして，彼女の人となりと熱い思いに魅かれ，生活保護者の就職先となる企業や店主側のネットワークまで拡がっていきました。このような流れの中で自立していく人達が増え，スタッフや就職先の方でも，その喜びが広がり，その支援活動が国からも認められ，また，それが励みとなり，好循環をもたらしました。

　人の心を動かすのは，やはり，その人の持つ豊かな心と適切な思いやりだと思います。そして，その心と思いやりは，このように，自然と好循環を生み出すと言えます。この方は何も外的な「資格」はありませんが，来談者にとっては「大事な資格」を持っていると言えます。

第III章

資格問題への長年の懸念

1 心理臨床家としての資格は誰が決めるか？

　前に，スクールカウンセラー制度の時給の持っている功罪を示しました。
　心理臨床家の資格は誰が決めるのか，という問いかけの前に，私なりの心理臨床家としての理論的立場を明確にしたいと思います。
　私はかつて，精神療法の理論を大別して [11]，治療モデルとサービスモデルに分けました。ここでそれらを詳しく述べられませんが，たとえば，前者は，自我の強化や現実直面，適応能力の育成などのような，ある理論から好ましい状態を考えて，来談者の面接に応じます。そこでは好ましいと思われる因子は，治療者側にあります。後者のサービスモデルとは，来談者が，ある状態AよりもBの方が好ましいと思うなら，Bの状態が好ましいとするモデルです。だから，そこでは好ましいと思われる決定因子は，来談者にあります。
　私は心理臨床を始めた頃，精神分析に魅いられていたので理論モデルから入り，神田橋先生とのスーパーバイズを通じて，徹底して私の臨床への弊害を知り，以後，自分の中に生きた面接から生まれたサービスモデルに立脚した，私なりの心理臨床の理論と研究と臨床とその実績を約40数年，求めてきました。要約すれば，素直な「自分」に戻り，自分の心理臨床の理論や方法を自分の言葉で語れるようになってきたということのように思います。
　資格問題は誰が決めるか？という疑問に対し，私なりの一貫した変わらない原点があり，それは「目の前の来談者が決める」ということです。私はその原点に立ち返り，立ち返りしながら長年，この仕事に携わってきました。
　この原点が明確でないと，おそらく自分勝手の理論や方法などが乱立して，何を基準に自分の心理臨床の仕事の質を決めていけばいいかという道が見えず，迷路に入ってしまうのです。そして，あとに続く者にいろんな弊害をも

たらす結果に成りかねません。今現在も，その原点を忘れてしまっている人達の考えがどんどん進行しているように思えます。

　いろんな理論や方法論があることは喜ばしいことでしょう。しかし，そのいろんな理論や方法論は，最終的に来談者に感じられて，納得されて，いくらのものか？ということです。

2　医師国家試験との決定的な違い

　しかし，「それでは，医師国家試験問題はどうなるの？」という素朴な疑問を持たれる方もいるでしょう。もちろん，医師国家資格をクリアした人の中で，その資格のみに居座り，問題だらけで，人間関係音痴な医師も，普通のサラリーマンに比べれば割合，たくさんいると思います。私の友人の医師の話の中では，医学部とは「奇人変人の集まり」と言えるらしいのです。

　しかし，根本的に違うのは，人間関係音痴であったとしても，彼らは病気に対する莫大な知識と技術を持ち，それによってある程度の患者さんへのサービス，要求に応えることができ，その人間性の弱点が直接的に患者さんに有害となることが比較的少ないからです。そして，その結果は，たとえば血液検査などの目に見える成果として現れることが多いのです。基本的には，大半の医師は身体のことを中心に扱っている場合が多いからです。それゆえ，目に見えるものだから，医師の評価は分かりやすく，自然淘汰されやすいのです。

　しかし，我々は，その人間関係音痴それ自体が来談者に接する仕事をしているのです。その仕事の結果は，あらわな指数に出ることもなく，なかなか自然淘汰されるような問題となりにくく，それを隠蔽しやすくなっているのです。この点がやっかいな事態を引き起こす要因ともなると推定できます。

　このような問題が少ないのは，心理テストの領域と考える人も多いかもしれませんが，決してそうではありません。心理テストも結局は来談者のためのものであるという原点を持つことは，その結果の伝え方などにとても影響してきます。心理テストの結果を，どのように来談者の成長のために伝えるのか？という問題をはじめ，あらゆる心理テストが来談者の共感の一部として伝わるような工夫をして，深く，来談者の立場を考えて伝えるという重要な課題が残っています。

たとえば，バウムテストや箱庭が非言語的水準でのメッセージとして必要な場合，そのテストは共感として来談者に提示されているのです。また，テストの結果は可能な限り，来談者の問題と長所をセットとして示せるように工夫する必要があります。

3　研究業績と臨床の質

　仮に，頭と心の指数という言葉を使うとすれば，その2つは相関しない場合が多いようです。それゆえ，研究業績が多いといっても，いつもその方の臨床能力を示す物ではありません。

　まだ書き物に慣れてない時，臨床的にセンスが抜群な人達にそれを文章にさせてみると，まったく苦手なようで，かつ，その意味さえもわかりにくい文章か，ひどく抽象的で難解な文章を書きます。なかなか納得できる文章にならないのです。ところが対話としてどんなことを書きたいのかを聞くと，すらすら出て，それを文章にしたらいいのではないかと言われ，ああそうか，と頷くことはしきりなのです。

　自分の臨床を自分なりの言葉で綴れるようになるまで，私はずいぶん時間がかかりました。

　ところが臨床的なセンスが多少とも欠落している方は，臨床マインドなど念中になく，頭の上で纏めるので論文を割合たくさん出します。このような事態はあちこちに見られます。人間指数や人間性とか臨床心理能力などはなかなか測り難く，臨床経験とか臨床経歴としては報告できますが，それは臨床能力を示す物ではありません。臨床能力というものは，本来測るものでなく，心ある者に感じられるものなのかもしれません。

　そのような結果，大学教員採用などの就職に際して心の指数は測りようがなく，ある研究業績や学位の有無などによってしか決めようがないので，その結果頭でっかちの臨床知らずの教員が発生する事態となりかねません。このような事態にどう対応するのかは大きな問題であることは，共通認識したいものです。

4 我々の仕事はサービス業か？

　私がこのように治療論をサービスモデルとしたり[11, 12]，来談者の満足度ひとつを面接の最も重要な目安にしたり，特に産業カウンセリングにおいて，虚無と実務に分け，実際現場に生かせる実務としての心理臨床に区別してきました。

　ある方にとって，「それならば我々の仕事はサービス業か？」という思惑や疑問が現れて来ると思います。ある理論を持ってそのような問いかけがあるなら，私は我々の仕事は「徹底したサービス業である」と一度考えてみることを勧めます。そのサービスも尋常ではないサービスです。相手の今，ここと，少し先と長い先を考えて，今，ここに置かれている相手の，あちこちにある事情をまずは配慮します。そして，あちこちに持っている相手の問題をいろいろ配慮して，相手の心ひとつを大切にして，自分の心ひとつを大切にし，大切な私見と素直な気持ちを相手に伝えて，相手がほっとした時間を持てたとしたら，それは素晴らしい面接だと思います。

　そういう意味で我々の仕事は，理論をさておき，まずはサービス業であると考えてみることは我々の仕事の質をあげ，無難に仕事ができる大事な要件とさえ言えます。

　私は，元来のサービス業の行き着くところ，すなわち，心理的サービスを受けて来談者の心が膨らみ，その自覚の深まりを喜び，その喜びを自らの喜びとできる面接，「自利利他」の関係にある心理臨床の仕事を理想の形とさえ考えているからです。

5 内的資格の探求とその評価

　このように私は自らの内的資格を来談者の満足度により面接を続けてきました。

　そしてある時，日本の心理臨床家の質の向上の研究のために，ある研究者から，面接の申し込みがありました。

　それは，「優れた治療者はどのように自己研鑽してきているか，ないし，しているか，どのような教育，ないし，指導者に教えを受けているのか」な

ど，その人の受けた教育や精神的な風土の特徴を調べようとしたものでした。その研究はまず心理臨床に関するいろんな学会のたくさんの理事の方々に，「もしも自分が，ないしは自分の家族が情緒的障害に陥った時，誰に担当してもらいたいか？」を何名か記入した者の中で，名前が多い 10 名を選び，その 10 名と個別にインタビューをし，課題を明らかにしようとする，論文でした[29]。

　もちろん，神田橋先生や中井久夫先生達も入っていたらしいのですが，私はそのような先生方の中に入ると思っていなかったので驚き，少なくとも日本の信頼される 10 人の治療者と認知されていることが，嬉しく感じられたことを思い出します。

　また，これも少し重篤な精神疾患に陥っている来談者から聞いたのですが，彼は，

　「とてもこの病院に来て，幸運だった」

　というのです。そしてその理由を聞くと，

　「私は，伝説のセラピストと言われる先生 2 人にかかっているからです」

　ということでした。そして彼はある本を取り出して，私に見せてくれました。それは，カウンセリング・臨床心理学を学ぶ人のための『伝説のセラピストの言葉』という本でした。

　そこには，フロイトを始めアドラーやジェンドリンの海外の臨床家の言葉とともに，中井久夫先生や神田橋先生のほかに行動療法のリーダーでもある山上敏子先生や私の名前まで出ていました（諸富祥彦編著，コスモスライブラリー）。

　私の今の心理臨床を行っている病院では山上先生も外来を担当して，彼は私達 2 人に面接を受けているという訳です。彼の回復経過も，いろいろな病院を一緒に回って来た来談者の妻の想像を越えるほど良好で，

　「この病院に来て，初めて一人の人間らしい扱いを受けました」と，満足げに話してくれるのです。

　私は，来談者の満足度を中心に据えて仕事をしてきました。

　そこには来談者が感じる資格しかありません。しかし，その姿勢とか治療的な達成は，意外と社会は良く見ているようだという感慨を深くしました。

　結局，他人の評価を求めるならば，自分なりの仕事をしっかりすることだ

という当たり前のような考えです。

　お金が欲しいなら，それに似合う仕事の質を上げる努力が必要ですが，その努力をしないで，お金欲しさだけに捕らわれて行くのは，本末転倒ともいえます。しかし，心理臨床家の世界でも，その本末転倒が見られるのは残念で，そのような姿をありありと見るのは，虚しくさえあります。

第Ⅳ章

公認心理師の試験方法に対する
懸念と疑惑

1 試験方法の妥当性についての疑惑

　本書は国家資格たる公認心理師制度への批判や反対のためのものではありません。おそらくその資格は，ある社会的要請や行政的な時代的判断があったものと推定します。

　不登校やイジメや，子どもや若者の自殺をはじめ，うつ病などの増加による国家的経済のマイナス要因や多様な精神疾患，ひきこもりなどの社会的問題による国家的配慮からそのケアや発生予防的見地からの資格設定とも思われます。

　現在，社会全体的に考えて，不登校やひきこもりなどについての大切な対応[1,2]など，まだ行き届いていないのです。そして，その専門的対応などの市民権はまだ充分獲得されていないので，その説明に大わらわな状況をみれば，納得いく制度でしょう。

　国家資格としての公認心理師の資格試験は，心理臨床の場において，重要な能力と現場からの要請に応えられる能力の査定にふさわしいものであることは言うまでもないことです。

　もし仮に，資格試験が現場の要請に対応しないものなら，暫定的にでも現場に役立つ能力のための試験に変容する必要があります。

　本書はそのような資格制度についての反対論でなく，むしろ，資格を巡る基本的な問題を深めて，はたして，心の専門家という言葉があるなら，その資格とは，

　いったい，何なのか？

それを誰が決めるのか？

そして，どのように決めるのが資格にふさわしいのか？

といった，私の昔からの疑問についての，私なりの現時点での結論めいた考えについて論述したものです。

本書を本格的に書きはじめた 2018 年 6 月現在，国家資格としての公認心理師の試験が目前に迫り，今までの臨床心理士の方もすっきりしないままで受験勉強しています。

そこでは，折角良い治療的感性を持っている方が，一生懸命，何かをそらんじていました。

私はいったい何なのかに興味をもち尋ねると，公認心理師の試験問題の解答をどうやら暗記しているということで，その暗記も聞くと莫大なもののようで，

「とにかく頭がどうにかなりそうですが，この試験には私の経験よりも暗記が何よりも大事になるのです」

とのことでした。私は，

「そんなに決まった正解なんか仕事に要らないよ。正解がないという正解はあるのかい？」

と聞くと，むっとした表情で，

「先生，そんなまっとうな話は通じません。とりあえず私は明日の生活のためにも，これを取って置かないとならないのです。試験は試験，仕事は仕事で，私はこれが終わって，また仕事に本腰入れますから」

ということでした。また，

「あなたは元の仕事という帰り場所があるけれど，それがない人は，何でも正解探しでいいのかねえ」

と尋ねると，

「私もそれが怖いのですが，今そんなこと考えられる気持ちの余裕はありません。自分のことで精一杯で……」

ということでした。私はついつい，

「正解の記憶で患者さんが治るなら，あまり苦労しないで済むね」

とポロリと言葉が出たところ，彼女は再び，むっとした表情になりました。

臨床心理士の場合は，たいてい，似たり寄ったりの実態だと思います。

明日の生活がかかっている事実の重さを鑑みた場合，その資格試験は明日の仕事に役立つものであることが好ましく，かつ非常に重要な要件でなければならないと言えます。しかし実態は，そこでの受験勉強はたくさんの問題と，その正解の莫大な「記憶」であるようです。

そのような姿や試験の方法は，最も大事な面接者の個性を押し潰して，同じ鋳型をベルトコンベアに乗せて大量生産する近代合理主義的な発想そのものかもしれません。しかし後述するように，我々の仕事は，この合理主義とは体質的になじまない所が多々あるようです。

心理臨床におけるこのような正解は，元来，来談者との関係において育まれていくものであり，来談者と面接者の関係解決型を基本としない限り，○×式の面接者の自己完結的な事態では成立不能な問題であり，問題設定方法それ自体が矛盾しているからです。

2　心理臨床家の資格を鋳型で決めてよいものか？
──「心のうぶ毛」と「鋳型」

国家資格として公認心理師なるものができて，その資格認定方法は，どうやら論述試験でなく，いくつかの中から正解を探す，いわば○×式ないしマークシート方式（以下，合わせて○×式と記します）のものであると聞いた直後に，私はとてつもない違和感を感じました。それは長年，心理臨床家を個人的に育てるスーパーバイザーとしての発想と，今までにつちかった心理臨床家の直感からと思います。そのイメージは苦慮感ともいえるひどく重い違和感でした。

多くの人は，「そんな試験に決まったなら，そんなものか」と思っているようでした。しかし，私の心の深いところでは，「そうではないのだよ！　その道を通るととんでもないところに行き着くよ！」という強い危機感のようなイメージでした。

そのイメージは，たとえるなら，私達が来談者と良い治療的関係になりつつある時，互いのやり取りの中で，なんとなくホンワリとした，「心のうぶ毛」のような柔らかい「心のひだ」のような感じが生まれますが，そのような柔らかい心の世界の真上に，コンクリートを積めた大きなダンプカーが，心のうぶ毛の大切さなど素知らぬ顔で，無神経に無視して，心を固めるよう

に次々と「正解」という印をつけたコンクリートを流し込んで，「正解を選ぶ」という，「心の資格」という物体を作って行くようなイメージでした。

　私はこの違和感はとても強く，それについて神田橋先生に意見を求めたくなりました。先生の返信は，「あなたがおっしゃるように，○×式の知識を詰め込んで，共感寄り添い能力が育たないのではなく，圧殺されるのです」と言う私信でした。また加えて，「心理臨床も機械化される流れに対し，反体制の心意気をとなえ続けましょう」とのご返事だったのです。

　しかし，私は不思議なほど自分の論述を反体制とは思えないのです。これは私自身が「反体制」そのものなので，分かりにくいかもしれませんが，返って，「より良き資格試験にして，結果的に日本の心理臨床家の質が高まり，来談者に喜んでもらいたい」という私の気持ちと，その資格試験に携わる人達との気持ちとは，あまり変わりはないかとさえ思うのです。

　実は，資格試験に伴って，以前から感じていた心理臨床家の質の低下にまつわる問題や懸念がたくさんあり，また一方で，新しい，誰もが実践可能な面接，治療方法も私自身が実践済みなので，それらがすべて関係する問題と思われ，一つの原稿に纏めようとしました。その間，何回か，公認心理師のテキスト作りの原稿の依頼がありました。テキスト作りをしている知人や友人も少なくないからです。私はとても複雑な思いでした。依頼する方も熱心で丁寧なのです。加えて，資格取得後の心理臨床の心得などの執筆まで抱えて，「忙しい，忙しい」を連発するような状況を聞き，失礼かもしれませんが，それを回避できたらという同情めいた，かわいそうな気持ちさえも出てきました。その想いの中で，穴を掘っては埋め，また別の穴を掘っては埋めるというシジフォスの神話がどこかでちらついていたせいかもしません。ですから，「私のブログに基本的な考えが書いているので，それを見てください」ということで丁寧に断ってもどこかでシックリせず，断り続けました。

　その方達も一生懸命なのです。しかし，その一生懸命の方向が私から見ると足元自体とその見る方向が少し，ないし随分違うのです。

　私は仕事柄かすぐに来談者や患者さんのことを真っ先に考えます。だから，どのような試験をすれば，来談者に役立つのか？　が，まずは最優先事項なのです。そのためには，私は，来談者にとっての援助的面接とはどのようなものかを述べる必要があると思います。

第IV章　公認心理師の試験方法に対する懸念と疑惑　47

　私における治療的ないし，援助的面接とは，「面接は生き物である」ということです。来談者の悩みや我々の治療的マインドは，とても体温があります。その体温の原型中の原型は，「仮に自分が目の前の来談者ならどのように扱われたいのか？」という立場を入れ替えて考えられることでしょう。これを天性，できない方もいるようですので，「入れ替え能力」ともいえると思います。

　この時，治療者（以下面接者とも示します）は，ああではないか，こうではないか，と想いを巡らし，適切と思われる言葉を来談者に投げかけます。この時，どんなセリフがより適切なのか，一言一句，一挙手一投足がとても重要な治療ないし援助的な要件となり，面接者の臨床能力が具体的に来談者に問われているのです。無論，治療過程や来談者の満足度と直に関係する能力です。

　すると，来談者からある雰囲気を伴った頷きや意見や感想が出ます。そして，その来談者の頷きや表情や雰囲気という，時には，非言語レベルから来談者の気持ちを汲み取り，また面接者の言葉を投げかけるという無限の繰り返しが，面接過程というものです。その積み重ねが来談者の頷きや表情や雰囲気の柔らかさを増加させるにつれて，いわゆる良い治療的関係や人間関係が少しずつ産まれて来るのです。そして，それは実証可能な，目の前の来談者の表情や足取りという形で出て来ます。

　そこで極めて大切なのは，来談者からのメッセージの，面接者自身の対応についての吟味です。その吟味は来談者との関係における対応の適切性の吟味です。

　「はじめに」でふれた「来談者の主観⇔面接者の主観の洗練」という限りない繰り返しの中で生まれてくる来談者の中で生れる新しい「何か」なのです。それは決して来談者のメッセージを抜きにした，自分だけでの吟味や判断ではありません。基本的に心理臨床における適切性は，常に，ある来談者との関係においてです。だから臨床は，常に，ある問題や課題については，関係解決的ないし関係解決型であり，この能力の公認心理師の育成が心理臨床家の育成なのです。

　この能力を資格試験に出すことはそれほど困難ではありません。たとえば，
　「何を聞いても沈黙を守り，何の話も出ない16歳の不登校の男子が母に連れられ来談しました。貴方ならどのように考え，どんなふうに具体的に対応

するのか××字以内に述べてください」とか，

「心理臨床の中で，今，ここ，hear and now が重要であると言われていますが，その理由や根拠や反論も含めて××文以内に述べてください」とか，

「夫婦関係でもつれて，思考や睡眠障害を訴えた 40 歳位の女性の面接で，ある程度まで良くなったが，その後長い膠着状態が続き，やや不満気に，『なかなか良くなりません』と語りました。あなたはその時，どう考えて，どのような対応をするか，具体的セリフを入れて××字以内に述べてください」

など問題はいくらでも出せます。

想像してみてください。このような問題と○×式の試験問題を考える時に働く大脳の部分が随分違うでしょう。採点には少し厄介ですが，臨床経験の豊かな方達を呼び集めると，それほど困難ではありません。

仮にどのような困難があっても歴史的観点に立ち，将来の心理臨床家の育成を考えるとそれを乗り越える価値は充分にあると思います。私の提案はこのような，その問題を考えることが将来の仕事に役立ち，歴史的に見れば，日本の心理臨床の質を高めるためになるでしょう。結果的に来談者も質の良い面接を受けられる可能性を最大限に引き出すことが，試験問題には最も重要な用件であるでしょう。他の法規問題などは○×式にしても，私の提案とは具体的には肝心な共感能力や寄り添い能力や立体的な仮説推定能力などは記述式を取り入れるのが重要であるという提案だけです。

そして，何故ここまでしつこく，本にまで纏めるかと言えば，どのような国家認定試験をするかということは，大学でどのような臨床教育をするか，しいては大学教官がどのような要件を教えるのか，そこで学ぶ学生がどのように勉強をするか，すべてが大きく関わってくるからです。そして，そのような勉強をした資格者がどのような面接を来談者に提供できるのかという，その資格試験はもろに来談者に関わって来るのです。事実そのような勉強をした者の面接の質の低下の「ツケ」は，後に述べますが，実際に来談者が我慢して，払い続けているという事実がたくさんあるのです。この資格試験の不全性の犠牲になるのはまずは来談者なのです。次に問題となるのは，このような資格試験に関わることによる日本の心理臨床の質の低下なのです。これは，本来，国家の求める公認心理師では決してないと思います。

現行の公認心理師の試験は，正解を 4 ～ 5 択ある中から選ぶ○×式の試験です。そしてそこには正解が，すでにあるのです。このような問題発想は，

自己完結型であり，強いて言うなら立体的で関係的な臨床的発想にはまったく馴染まないどころか，その邪魔にさえなりかねません。なぜなら臨床場面では，正解の源は来談者が持っているから，面接者が正解を探そうという姿勢は，共により良い状態を求めて来談者と歩むという作業と基本的に異なるのからです。この要件は後により詳しく述べています。

また，この自己完結的な思考は，自分で何もかも正解を出さねばいけないという，抑うつ症特有の思考パターンでもあり，それがもとで正解が出ない，出ない，という自責の念から思考の限りない負のスパイラルも産まれます。○×式の試験を受けた方達の多くは一過性の抑うつ症状を示されたようです。おそらく，自己完結的な問題に長時間付き合ったためかもしれないと思います。

このような○×式の試験が長く続くなら，心理臨床に必要な心の基本的な非合理という合理（心は元来，近代科学的には非合理という合理性を持っていて，そういう観点からみないと，その実態を分かりにくいのです）を見失い，言葉にならない言葉を聴く耳を失い，心理臨床を教える大学教官を含めて，日本全体の心理臨床の質の低下は確実なものとなることを私は恐れます。そして，そのような勉強をした者の面接を受ける来談者の憂慮もむろんあります。

自由記述式の採点の困難さと，来談者に満足度の高い面接者を育てるということを計りにかけるなら，どのような苦労をしてでも，来談者のための資格試験になるのが実のある路だと思います。

決定的に重要な事項は，元来，心理臨床の仕事の質の決定的な決め手は，来談者にある，という軸を見失うと，とんでもない事態や面接になることを，我々はどこか見失っているようです。

3　関係解決型思考と自己完結型思考

心理臨床において，大切な事項は，簡単なことですが，来談者という相手がいるという事実です。だから，「どうしようもないね」とか，「なかなか分かりづらいね」，とか，「正解などないと思うけど」とかの言葉が来談者にとりふさわしいような反応であれば，そのふさわしさに対応して，適切性が決められます。これらはすべて「関係における思考とその解決方法」なのです。

ちなみにその対応の点数化さえもできます。それは，「今の私の確認は，だいたい何点ぐらい？」と来談者に尋ねると分かります。

　元来，心理面接とは，個人個人は別々の個性があり，それを大切にするために個々別々に考え方があるし，それでいいという大前提があり，その前提で，来談者との関係を大切にすることが心理臨床の基礎基本の姿です。

　しかし，○×式の試験問題では，どこにも面接者の個性も人間性も体温も大切にされず，かえってそれらを押し潰し，機械化された金太郎飴のような，どこを割っても同じ姿しかない紋切り型の金太郎飴と言える，「正解」という同じ姿しか出て来ません。

　しかし，実際の臨床場面では，何となく気持ちが軽くなったり，何となく前に比べて良いような気がしたりすることが大半で，そこでは「正解」というはっきりした線引きはできません。また，正解的な発想をせず，曖昧のままとどまっている方が，来談者の悩みに寄り添う能力となっているようです。そうすると○×式の発想は来談者にとり，不要で，してもらいたくない発想となります。

　後にまた指摘しますが，これは資格試験の妥当性に関する重大な問題であります。なぜなら，後に続く受験者は，ある問題と回答がセットになっているという考え方自体と，その正解の記憶をまず臨床現場に持ち込む恐れが強いからです。しかし，その臨床現場において，極めて重要な発想は，「正解は面接者にはなく，来談者の潜在能力や意識の中に在る」ということなのです。必要なのは目の前の来談者について，ああでもなく，こうでもないという事情に即しての面接者の仮説設定能力であり，○×式の単純な記憶，正解能力では決してありません。

　この点は非常に重要なことなので，細かくふれてみます。ここで○×式のような，ある問いに対する答えは「ある」というふうな発想を，正解推定モデル（以下，正解モデルとも記します）と記します。そのモデルの中では，正解がなければならないのです。この点がまず，臨床現場にそぐわないということになります。例えば，来談者がよくあるように「ああでもなく，こうでもない」と述べる時に，臨床上，必要な発想は来談者の「ああでもない」のが正解で，「こうでもない」というのも正解で，いくつもの正解が来談者側

第Ⅳ章　公認心理師の試験方法に対する懸念と疑惑　51

にあり，面接者の中には，１つも正解が「ない」し，持たない方が来談者は
ありのまま，迷えるわけです。
　だから，
　「困ったなあ，ああでもないし，こうでもないので，本当にあなたも困り，
私も困っているよねぇ」という，つぶやきや言葉に来談者が深く頷くなら，
それが，来談者との関係における適切な，正解モドキもの，であり，これら
は記述式以外の○×式の試験問題では決してできない問題なのです。

　臨床場面では，来談者という相手があり，面接者と来談者との関係におけ
る「関係解決型思考」が必要とされ，これは自己完結型思考とは全く異なる
思考パターンなのです。

　結局，面接者が自己完結型思考にこだわっている限り，「こうではないか」
とか，「要するに，どういうことか」というふうな発想をすると同時に，来談
者の「ああでもなく，こうでもない」というありのままの姿を見失います。つ
まり，面接者は，それでは「どれが正解か」について気が向くと同時に，来
談者への関心と共感の世界から外れ，自らの問いの中に落ち込みます。そし
て，これらはすべて面接者の中に解答があり，それを求めるという○×式か
らくる弊害とも言えます。また，時としては，その正解推定モデルの中にい
る間は，このような対応は面接者の来談者に対する「いったい，あなたは何
が言いたいのか？」を確認するような無意識的な正解をみつけなければいけ
ないという強迫めいた雰囲気に，来談者は付き合わなくてはなりません。最
悪の場合，「いったい，あなたは何を悩んでいるのか」というような，来談者
に，面接者の正解を明確にさせるようなことをしかねません。
　それらの正解モデルは，基本的には，「あなたは内向的か外向的かどちらな
のか？」といった問いかけとか，来談者がくどくど述べる時，「要するにあな
たは何を言いたいのか？」と問いかけたりするような，または無意識的にそ
れを求めたりすることに通じます。
　これらの懸念は，問い，即解答という問題の最短距離を行くという意味で
後述しますが，近代合理主義的なのです。あれこれ迷うのは，合理主義では，
悪徳とさえされかねません。
　我々の専門性とは，そのような単純な合理主義の弊害を知り，

「人の心の非合理的な合理論に，いかにパラダイムシフトできるか？」

「常識的な善し悪しから抜け出し，いかに心の実態に添った考えができるか？」

ということでしょう。

たとえば，先の，だらだら述べる来談者には，

「あなたはいろんな考えをして，かえって，それが自分でも嫌で，時には苦しいのよね」と対応すれば，だらだらとした，言葉や理屈ではなく，だらだらとして述べる来談者の気持ちや心に対応することになります。

また，合理主義的な普通の発想では，自分の悩みに直面して，それに関する考えを話すことは面接では良いことと思われます。なぜならそこにはムダが無いし，意味があるからでしょう。

しかし，心の世界では，合理的に正し過ぎるほど心理的には間違っているという考えはとても必要です。合理的に正し過ぎるほど心理的には酸素不足となるのでしょう。

抑うつ症状を示す人の発言は，聞いていて驚くほど合理的で論理的で，非の打ちようのないほど正しいのです。

しかし，その心はとても苦しんでいます。言ってみれば，来談者の中では，「正し過ぎる間違い」がとても多いし，そのようになる傾向を来談者が元来持っていると思います。

また面接では，ある時期から症状とはなんの関係もない，一見無意味な，プロ野球やサッカーや今の流行の話などで終わることもあります。そのような話が出ると私は，しめた，と思い，その話に釣られるように乗りかかります。

なぜなら，面接では，無意味な意味とでも言える事実がたくさんあるからです。

このような無意味な話が続きながら，症状は軽くなって行く事実や現象は頻繁にあるのです。問題を話すという問題への関係のあり方から別のあり方にバージョンアップしたとも言えるからです。

また，正解モデルを持ち込み「この問題の解答は親子関係にある」という勝手な正解に行きつき，来談者がせっかく今までの親子関係のことをあれこれ考えず，これからのことを考えようとする大事な態度を育むことができなくなります。

そして，面接者はこの正解モデルをすべて放棄し，来談者の体験に耳を傾け，「ああでもない，こうでもない」という迷いを一緒に「ああでもなく，こうでもない」というふうに，ありのままを理解して初めて，来談者がわかってもらえたという気持ちになるのです。そして，そこでは，面接者の正解の必要なしとか，面接者に正解を持たない方が良いという自覚があって，より積極的に来談者の混沌とした世界を共有できるようになると思います。

そこで，来談者のありのままの理解には，正解推定能力というよりも，全く逆の「ああでもなく，こうでもない」という面接者の迷う能力[14]さえ必要になってくるかもしれません。

専門的にいうと，正解モデルは治療者の万能感を育成して，それが来談者との健全な関係を育てることへの弊害ともなりえます。言わば，何でもできるし，答えられる，ないし，答えなければいけないという面接上不要で，場合によれば有害な考えを持ち続けることになる訳です。面接者に，治療者的な万能感が芽生えた時，来談者との横並びの自然な，対等な関係が壊れるのです。そのモデルにおいては，面接者が来談者の問いかけに，素直に解らないことを解らないと表現しづらくなる，あるいは，そうあってはならないという気持ちにさせ，面接者が素直になれない，ありのままにいられないという弊害をもたらしかねません。お互い，ありのままでいる，そのままでいていいという治療上，極めて大事な基本的安心感が生まれにくくなります。

こうしたことを私がここで論じたいのは，公認心理師という仕事は，多くの場合は人の悩みに直面し，そして，その面接の不全感や質の悪さは，面接者ではなく，常に来談者が引き受けることになるからです。

本来，公認心理師の認定試験は，人の悩みを聴く時に役立つ能力の習得のための母体となるべきです。なぜなら，受験者はみな，その試験に応じて懸命に勉強するからです。だから，来談者の役に立てるような能力を査定して，悩める人の役に立ち，やっと元来の認定試験の目的が果たせるのです。あえて，厳しい言葉で言うならば，正解推定モデルという方式は，来談者の悩みの共感にそぐわないようなパラダイムを持たざるをえない懸念があるモデルとも言えます。

認定試験における正解モデルは，臨床場面では時には捨てた方がいい場合が多いのです。あたかもシジフォスの神話のように，苦労して覚えたものを，

また忘れてもとに戻すという作業が，ある面接者の成長には必要になると思います。常に，来談者は質の良い面接と心理的援助を受ける必要と権利があり，そのためには，そのように訓練された面接者があり，その母体は資格認定試験にあります。

本論は，あまり来談者の共感に役立たないような試験と，試験勉強を避け，そのように勉強することが来談者の共感の役に立つという，本来的な意味で合理的で，元来あるべき方法に戻そうという提案でもあります。そのための具体的な例題などは，いろいろなところで示しています。

臨床的事態における正解モデルの弊害について，再三述べていますが，正解モデルは，面接者に正解がなければいけないという強迫的心性から発する心の信号を，来談者が感知して，ゆっくり悩むことへの共感の妨げになるでしょう。何故なら，面接者にとって，そこには「正解」がなければならないからです。しかしその正解もどきものは，来談者が発見するもので，常にそれは変わっていくものです。それが臨床的にはふさわしい姿なのです。正解は面接者にあるという考え方自体，臨床的事態に沿ったものではありません。

たとえば，ある学会で「死にたい，死にたい」という来談者への対応の正解は，「あまり，自殺の心配をする必要がない」ということだと聞きましたが，私の長い臨床歴において知る限り，「死にたい，死にたい」という来談者が，幸いにも未遂でしたが，自殺行為に至ったことがあります。この正解の話が本当であるならば，危機介入に至って，とんでもない事態を引き起こしかねません。

分かりやすく言うと，来談者に共感するという正解は，共感しなければならないという正解や概念などの記憶や知識と，来談者が実際に共感されたという体験に結びつく共感とは，次元と心が違うということなのです。言葉を変えれば，頭と知識だけの共感と人として心からの共感とは，来談者に感じられるものは，とても異なるということでしょう。共感とは「正解」ではなく，相手の身になって追体験していると，面接者の中に起ってくる人間的感性なのです。

我々の取り扱う心とは，ああでもなく，こうでもないという，極めて漠然として，曖昧でアナログ的なものです。曖昧なものは曖昧なものとして，いろいろな対処方法[14)]があり，○×式の発想と対極するものであります。ま

た，そのような○×式の発想は，ある来談者にとり，窮屈な感じを与え，その視野が狭くなり有害でさえあり得ます。なぜなら多くの来談者が望む要件は，○×式の発想ではなく，ああでもなくこうでもないという「ありのままの自分」への理解であるという事態が在るからです。そこでは，○×式の正解モデルは迷う来談者への理解に弊害をもたらすことは，私の目には火を見るより明らかなように見えてくるのです。

　漠然とした生き物に目鼻立ちをつけると，その生き物は死に絶えるという例え話は，極めて的を得た話です。迷う来談者の心情は，漠としたものは漠としたものとして理解しなければなりません。その時，○×式のようにデジタルなもので容易に目鼻立ちを早くつけようとすると，来談者の漠とした心情は共感されないものとして，その訴えは死に絶え，放置されていくかもしれません。

　そして，仮に公認心理師の資格収得者が，現場での実態に応じた仕事ができずにその資格にしがみつこうとするなら，私の恐れる心理臨床家としての質の低下への道の上に立つことになると思います。

4　正解と現場

　有名な定義ですが，「存在は本質より先行する」という定義があります。事実はそのとおりで，あえて換言すれば，臨床現場はいろんな考えや概念よりも次元が異なり，かつ，また，ずいぶん先を行っていると言えます。

　おそらく，臨床の場に出ればわかりますが，臨床的な事実は試験に出ている知識や理論のずいぶん先を走り，多くの人は，そのような概念は，わずかしか，ないしは何の役にも立たないことを感じ，知るでしょう。

　それは，心理臨床の場は，頭の先の概念や理論を超えた生き物であり，妙な理論や方法論で自暴自縛（自作造語）されるより，素直な一人の人間としての「私」という原点に帰った方が，よほど来談者のためになるという本論での提案でもあります。

　私は，来談者の話を聴くとき，言葉にならない心とか気持ちやその人自体の全体的な心を聴いていますが，来談者の方も同じように，言葉と言葉にならない漠とした何か，おそらく，その面接者についての人間性のようなものを，必ず，どこかで感じているのです。それらはお互い，生きている心の「い

のち」のようなものの感じ合いとも言えます。ですから，面接者が「ありのままの自分」を大切にする姿は来談者に伝わり，来談者も「素顔」に戻りやすい，とても良い関係を生み出す母体となるでしょう。

5　来談者が感じる資格についての重要性

　この要件もいろいろな表現で示していますが，来談者の方は，外的な貴方の資格を気にかけるというより，もしも，その資格の上でアグラをかいている場合，そのようなアグラをかく人間性や人としての有り様に，来談者は内的に反応し，外的にどうにか対応していることと思います。

　資格の上にアグラをかいている姿を来談者が感じた時には，おそらく，その面接者は人間関係，ないし治療関係上で実質的な資格を自ら失うことになります。事実，私は，治療を終結して友人のようになった方から頻繁に聞くのは，

　「実は，先生はよく気持ちが通じるけど，××先生は，どんなに偉いか知らないけど，分かってもらったという実感がなくて，こっちが形だけ合わせていたよ」というような話です。私は，嫌なほど聞いてきました。治療者の能力や個性に応じて，かえって患者さんの方がとても気をつかっているという事実です。文献は失念しましたが，中井久夫先生は，どこかで「患者は時によれば，治療者よりも気を使っている」というような表現がありました。この事実は我々が念頭におくべきものと思います。

　何事もそうかもしれませんが，知識や概念という頭で考えるレベルと，実際とは次元が異なります。多くの来談者は，変な理論よりも，生きた人間としての貴方の「心ひとつ」を求めていると考えるほうが臨床現場の事実に近いと思います。

6　質の低下のつけは来談者が払い続けている事実

　本当に大事な事実なので，以後何度も指摘して繰り返し述べますが，その質の低下の「ツケ」は，現場では，まずは来談者が支払っている事実が現在なお進行中です。

　再度延べますが，現場では借り物のような，莫大な正解モデルでは仕事が

できないどころか，心理臨床家としての成長の足場にならず，かえってその邪魔をすることになると思います。というのも，その正解モデルにしがみいている限り，正解は「在る」からです。しかし「現場」とくに治療的な面接では，面接者として正解は「無い」と思います。正解もどき心境なり自覚の促進は，来談者自身が持っている能力とその面接者の開発能力にあるからです。

　また，よくある事態ですが，いくらその面接者がある理論の専門家であっても，来談者の面接の満足度が極めて低い場合，その方には治療関係における実質的な資格はないと言えます。その方にとっては理論から来談者を見る作業が大切であり，来談者が面接者の理論をどう観るかという大切な作業を抜かしているのです。

　資格とは，正確には面接者と来談者の関係の質が決めるもので，それは，極めてアナログ的です。来談者に面接の印象について尋ねたところ，

「印象と言われても，まったく分からない」

「何だかうまく言えないが，あんなものかな？」という人から

「とても，満足した」とか，

「極めて不満である」などと，実に百人百様なのです。しかし，この来談者の面接の満足度という肝心な指標を失うと，舵を失った船のようにとんでもない事態が展開します。私はこの指標を最大の権威として約50年間近く仕事をしてきて，何ら問題なく，来談者から喜んでもらい，それを次の仕事のエネルギーにさせてもらっています。

　ここである方は，

「そのようないい加減な指標は来談者により異なるから，指標にならないのではないか？」

　という問題提起をするかもしれません。その指摘こそ重要で，だからこそ，それぞれの，また，あらゆる来談者から，ある高い水準の満足度を得る方法の探索が必要になってくるのです。

　本論では，一人の人間として素直に自己体験に耳を傾け，どう言えば来談者に伝わりやすいか？ などの課題にも，後で触れています。

7　近代合理主義の明と暗

　近代合理主義ないしその方法とは，短時間で大量の生産をめざし，極力無駄を省き，ある目的に対して最短距離を歩むことがその骨子の１つになっています。これは時代的には，後に示す伝統的ないしその方法と比較すれば「革新的」という概念で示せると思います。

　これに反し，従来の伝統的方法では少数精鋭をもとにした「手作り」で職人技をなりわいとしています。そして心の治癒においても逆行したり曲がりくねったりする川のようであり，決して最短距離ではなく，合理主義から考えると，莫大な無駄を必然のものとしてその道程に寄り添うことを当然のように受け入れます。それらは近代合理主義と対比すると，対極するものです。近代合理主義を革新的とするなら，後者は保守的でしょう。我々はこの両極の間でバランス良く生きる必要に迫られているとも言えます。

　ところで，中井[28]では，我々の脳のしくみはその基底においてはそれほど革新的ではなく，極めて保守的であり，ある革新のとり入れ方の矛盾を社会歴史的に考察しています。このような指摘を静かによく考えると私の本論における公認心理師認定試験問題についてのさまざまな違和感やその理論や発想や思考は決して革新的なものではなく，公認心理師の試験方法はあまりにも近代合理主義的で革新的なものであり，それがゆえに我々の心にしっくりなじまないのだろうと推定できます。

　「心は心のままのところにもっと大切にしてほしい」とか，「心理専攻の受験生をその人らしく扱ってほしい」とか，もっとベーシックには「人間を大量生産する『物』にするな」というごく素朴な普通の心の声であり，決して特異なものではありません，それゆえ，私の公認心理師試験とその方法の違和感やその考察も決して特異なものではなく，今まで伝統として受け継がれてきた心の世界の本質に向かう，良き意味での人の持つ保守的な論述ないし要求，それ自体とも言えます。この点を勘違いされないように念のため繰り返して示しておきます。私の感覚や指摘は当り前の伝統的な考えや方法，それ自体に近いところから出てきているのです。

　仮に現行の公認心理師試験で国家資格取得という条件を外すと，極めて異形で妙なテストと見られる向きも増えてくるでしょう。

8　本書の願い

　本書は，外なる理論や知識での資格と，内なる来談者に感じられる資格とはまったく関係なく，外的な資格があっても，臨床上では実質的な資格がないような方はたくさんいるという事実の指摘から始まります。

　そして，そのような人達の大半は，その資格に甘んじ，時給や給与などを目的にして，質の低下した姿をなんとかごまかそうとしているように，私には見えます。そのような人々は臨床心理士資格制度設立以来，歴史的に見ても，増え続けてきているように私は思います。また，来談者から，その家族から，学校関係者に始まり，私のスーパーバイジーの方や指導的な立場におられる友人に至るまで，私はその事実を聞かされ，かつ実感として感じています。そして，大事な要件は，何度も示していますが，その質の低下のツケは来談者の方が支払っていると言う事実です。

　本書は，まずは，そのようなツケを払い続けてきている来談者の方へ，「本当に，苦労していますね」という深い共感とともに，いろいろな強いメッセージを伝えるためにあります。

　また，本書が臨床の本質的な道から外れ，途方にくれている人達にわずかでも通じ，あとに述べる悪循環からの脱却に役立つものであるなら，それ以上のことはありません。

　また，本書は，コツコツと心のこもった臨床を続けている方への限りないサポートのためでもあり，心ある方の臨床の質の向上に役立つなら幸いです。

9　試験方式の変更の提案

　先に述べたように，そのような○×式の発想自体が，現場に持ち込まれて起きる危険性は，これから以後の質の低下した資格者の増加の懸念と直結します。

　受験者は，今は，経験のある臨床心理士が多いのでしょうが，年々，初心者に近い人が増えてくるでしょう。初心者の中には，素直に，心理臨床には正解や答えが○×式にあるものと信じきって臨床の場に持ち込んでくる人も

多いからなのです。

　大切な要件ですので，重ねて述べますが，臨床現場には，「これか？　あれか？　そういえば試験問題の答えはこうだった」という固定した考えは，厳しくいうなら，「有害」です。むしろ，この場合はこうかもしれず，あの場合はああかもしれない，という「仮説設定能力」，ないし，かえって「迷う能力」[14] が，面接者にも，来談者にも必要であり，かつ有益なのです。

　ペーパーテストでの資格と心理臨床家としての資格は同じではない，という発想は，そう考える方の心理臨床家の仕事の質を確実に上げるでしょう。その資格試験は，明日の自分の仕事のために役立つものでありたい，という論述はすでにしました。参考のために随分レベルが異なりますが，心理臨床家への試験としては同じなので，ちなみに英国の DPM（Deproma in Psychological Medicine）の資格試験など [13] 参考にしても，例えば，5 つの問題を出し，1 つか 2 つの問題を選び，そのことについて論述するという試験問題すべてが，記述，論述式なのです。

　試験問題のようなものは，本文でいろいろ述べていますが，たとえば，「このような場合，あなたならどう述べるのか？　できるだけ具体的な台詞で 100 字以内で述べなさい」という問題にするとします。そこには模範回答らしきものは行き渡るかもしれませんが，決まった正解は無いのです。

　また，「このように来談者は語っていますが，あなたの治療仮説をいくつか述べてください」という問題など，まだ現場や来談者にとっては有益でしょう。無論，正解めいた対策を考えたり，またその記憶にしても，来談者の事情や気持ちを考えたものであるなら，まだその記憶は来談者の援助に役立つかもしれません。

　そこには採点者の主観的な判断が入って，複数の採点者のばらつきがかなり出てくることもあるでしょう。しかし，かなり経験を積んだ採点者であるなら，それほどのばらつきがないと思われます。もちろん，複数の採点者が必要となるのは必須条件となります。

　この記述式は，採点には非常に時間と労力が必要ですが，受験者の心理臨床家としての適切な能力を査定し，それを育むという意味で，その労力を惜しまない方が，日本の心理臨床のレベルアップにもつながるきわめて重大な要件です。そして，現在，公認心理師の試験問題は，日本の心理臨床の質と方向を決める歴史的な時に来ているという認識も非常に重要です。

我々の言う理論では，主観が来談者の事実に裏づけられて初めて客観性を持つように努力することは，受験者の努力を臨床現場に必ず役立つものにするでしょう。正解を○×方式にするという試験は，一見，表面的には客観的に見え，かつ採点も非常に容易でしょう。ここで，明確に述べたいのは，採点の便利性で，その試験の妥当性を壊すということを絶対にしてはならないということです。いかに採点が難しくても試験の妥当性が最優先されるべきなのです。なぜなら，これからの受験生は，試験問題に対応して勉強してくるからです。そして，その勉強は，明日の臨床に役立つものでなければいけません。また，いわゆる○×方式の客観性は，試験問題の妥当性を無視した形だけの客観性であることに早く気づくべきです。要は○×方式自身が試験の妥当性を犠牲にしているのです。

形だけの客観性は形だけの記憶能力を必要として，割り切ってはいけないものを割り切ってしまう能力へと変容する恐れが，最も恐いのです。

○×式の試験に落ちた人の方が，受かった人よりも内的資格に満ちているかもしれないと発想することは，決して皮肉でもなく，容易に想定できる事実かもしれません。ちなみに，その試験問題をくださるバイジーがいて，私もやってみましたが，約半時間で頭が痛くなりました。まだ採点はしていませんが，おそらく合否すれすれの点だと思います。

私の懸念が妄念であってくれたらと願います。

具体的な提案としては，法規に関する問題などは○×式で良いと思います。しかし，来談者に関するか共感や寄り添い能力についての心理臨床上の対処，来談者に対する面接方針などの肝心な点は記述式に変更すべきでしょう。その採点の比率は最低50％以上にした方が良いでしょう。

また，面接試験は，現実的に受験者が何万人かいるので，当分の間は無理だと思います。

以上が具体的な提案の一つです。私の推定では，○×式の弊害が現われ出すのは約5年〜10年かかると思います。逆に，仮説設定能力を記述式に変えるとその効用は割合早く2〜3年で出てくるものと思います。

第Ⅴ章

心理臨床における質の低下

1　公認心理師資格にまつわる危機感

　繰り返して述べますが，公認心理師の国家資格ができそうだ，という話が出かかったころから，私は，どこかでおかしな危機感と違和感を強く感じていました。

　その資格を持った人が明日にでも，時給幾ばくかでクライアントないし患者さんと言われる，いわば来談者という悩める人を相手に，○×式の試験で得た資格で仕事をするのか？　ないし，できるのか？　そのような面接者に出会った来談者は，どんな面接を受けるのだろうか？　という危機感でもあります。

　しかし，私の危機感は，以前にさかのぼると，臨床心理士という資格ができた後で割合時給の安定したスクールカウンセラー制度ができてから，どんどん加速している臨床心理士としての質の低下からくるものです。加えて，今回のような公認心理師資格試験方法のもとで生れてくる有資格者は，この質の低下をさらに加速するのではないかという私の懸念でもあります。

　後に詳しく述べますが，臨床の質が低下して，それに無自覚や無関心な人達は，どうしても資格の上にアグラをかくようになってきます。そして，徐々に，時給や給与に足りる大切な仕事を何もできないのか，ほとんどせず，ただ，資格あり，という外的資格を有する者の当然の権利のように，時給や給与を受け取るようになっていく人達のことであります。そこでは，資格は社会的認知や地位，収入のためのものでしかありません。そして，その姿は本来の意味で，心理臨床家として無資格であり，場合によっては来談者だけでなく，周りの人々にも有害に作用しかねない，ないし，すでに有害に作用している人達のことです。

そのような人達はおそらく，単に金銭的な獲得のみでなく，自分よがりな治療方法論にしがみつこうとしている人が多いように見えます。治療方法とは，元来，治療者のためにあるものではなく，来談者への共感や心配りのための道具や手段として用いられるものなのです。この基本的なことが分からず，来談者のために主体的にある方法を取り入れるのではなく，ある方法に「取り入れられた」人達のことです。横から見ていると，ある方法に振り回されていて，その人本来の姿はどこにあるのだろうかと心配になってくるような人達です。その人達の中には，まず，その方法があり，次に来談者があるので，来談者に似合ったその方法の工夫などの努力はあまり認められません。事実，決まりきった方法で来談者は追い込まれ，最後に二度とああいう面接は受けたくないと私に語る来談者はあとを絶ちません。その苦しみを，その時，直には言えないのです。だから患者さんであり，来談者なのです。

　私の面接では，たとえば，言葉が出にくい子どもを相手に粘土を持ちだして，
　「今の先生の気持ちはこんなふうなのだけど，あなたの気持ちはどんなふうかな？」
　などと，粘土で気持ちを表しながら話しかけ，子どもに粘土を渡すとか，
　「話しづらそうだけど，そうだったら頷いてね」と書いた紙を，そっと子どもに渡すとか，私には10通りぐらいの方法が思いつくのですが，その子の沈黙にふさわしい方法を選んで提示することが，その子への共感となり，その子の安心とその子なりの表現が得られるのです。しかし，ある治療方法に取り入れられた面接者は，その方法からしか来談者をみることができません。特に初心者が，理屈に合うから取り入れやすいのは認知行動療法などですが，それについて行ける来談者は良いのですが，ついて行けずに途中でギブアップして脱落していく来談者も多いのです。その時，面接者はうまくいった来談者の方にばかり目がいき，脱落した者の方には目が届かないのです。この方法はホームランか三振か，明確に分かれるように思います。ホームランを打った者だけに目がいき，三振した者の悔しさや失敗感や傷つきなどには目を向けようとしないようです。
　後で述べますが，誰かが行った何とか療法に来談者がついていけず，その失敗感から，余計状態を悪化させた方と，もう何人，私は付き合ったか解り

ません。そのたびに，何とか療法といい，それを名乗る，まやかしもどきの者を見て，得体の知れない身勝手さとその無自覚ぶりに，私は人としての悲しみさえも感じてきています。この心情は来談者のそれに近いものと思われます。

2　歴史的背景

　少し歴史を振り返りますと，臨床心理士の資格問題が出てくる随分前から，心理臨床家の資格とは，いったい何なのか？　という根強い疑問が私にはありました。また，文部省での臨床心理士のスクールカウンセラー制度設立の途中，学会の常任理事としてその運営に携わってきた頃からますます深まりました。

　随分前の話になりますが，臨床心理士の資格ができた時，九州大学の前田重治先生に向かい，

　「その資格を認定する人間の資格はどう決めるのですか？」と詰め寄ったところ，前田先生が，

　「そのような資格は足の裏についた米粒のようなもので，取らない方より取った方が少しはマシだというぐらいに思いなさい。また，あなた達が先鞭をつけて資格を取らないと後に続く者が困るから」

　という話に同意して臨床心理士の資格を取得した経緯があります。資格問題には，私はその当初から懐疑的でした。しかし，「社会」はどこかで線引きして「資格」を作る必要はあるのでしょう。あるいは自称「専門職」として線引きしたいのかも知れません。

3　心理臨床家の仕事の質はどこで決めるか？

　心理臨床の質は何で決まるのかは，私の場合は簡単です。それは，ある面接関係での来談者の感じる満足感であり，その深さです。それは分かりやすくいうと，面接の前と後の来談者の言葉にならない表情や雰囲気の違いであり，面接者の足取りの軽さの違いという，目の前に現れ感じられるものでもあります。来談者に面接の感想を尋ねても，通常，来談者は気をつかったり，素直な感想を語れないものです。それさえも解ってもいない面接者も多いで

す。

　私は，「来談者の感じる満足感，その深さ」，ただこの一点の事実のみを最大の権威として，長年この仕事を続けてきました。

　無論，この生きた資格ないし，面接関係における満足度は簡単に数値化できます。面接終了後，簡単なアンケートを作り，

　「きょうの面接は，あなたにとってどうでしたか？　今後の指針としたいので適当なところに○をつけてください」として，

1．非常に満足した　　　2．かなり満足した　　　3．満足した
4．普通だった　　　　　5．どちらとも言えない　6．やや不満足だった
7．かなり不満足だった　8．非常に不満足だった

　などと言う，8段階の上に○マークをつけてもらえば，充分に仕事の評価ができます。

　また，最高を百点として今日の面接は××点位と記入してもらうことも可能です。私はその日の面接が少し不全感が残る場合など，関係がしっかりした来談者から直に，「今日の面接は何点ぐらいかな？」と聞くことを時々しています。

　来談者の満足度は，その家族にも通じ，私の職場で支えてくれる人への満足度に通じ，好ましい循環を造り出しましたし，それが，今なお，続いています。

　この原点に常に返ることが，心理臨床家としての私を支える原点になっています。その原点を見失い，最悪の場合，自分の都合のみで動き出し，それが高まって，質の低下を招く方がたくさんいるのです。

　その質の低下への防止のためにも，まずはその実態を知る必要があるでしょう。

4　ここで言う心理臨床の質の低下とは

　ここで言う質の低下した人達は，幸せを求めて，もがいているというところでは，あたかも来談者と同じようだとも言えます。

　「地位や社会的立場に恋々とする人，お金に執着する人，公認心理師を考案し推進している人々，この方々は皆，自己正当化という逃げ道，安らぎを

追及している哀れな人であり，他人を不幸な道にいざなっていることの自覚はないのでしょう。…（中略）…あなたがすでに問題としている心理臨床家達，来談者の心と響き合わない客観・合理心理臨床はすでにあり，それを拡大再生産して主流にする運動が現在の危機的状況であり，人を養殖魚類にする動きでしょう。僕は，人類が農業を始めた頃から暴虐の歴史が始まったと考えています。自然への支配です」（神田橋先生の私信）

とあります。

私も全く同感です。その人達の非を打ち鳴らすことは簡単ですが，しかし，単なる事実として静かに認めていくと，ある「理解」へと通じていき，心は軽くなりますので，ここに記述する訳です。

ここで言う心理臨床の質の低下とは，大体以下のような特徴や傾向を持っている人達のことを示しています。ここではそれらの特徴を大きく取り上げているので，非常に辛辣な言い方になっていることを念頭において，読んで頂ければと思います。しかし，あえてそうするのは質の低下しつつある人達の自覚と，その被害にあった方々の気づきをより促すためであり，その実態とそのことの理解を切に願う私の気持ちが強いせいでもあります。

（1）給料だけが目的の人達

まずは，臨床心理士なり，何かについての資格にアグラをかき，それにしがみつき，なにか仕事をしているように見せかけて，その実は，何もしない，ないしはできないで賃金の獲得にのみ執着している人々のことです。

このような人達は，我々心理臨床の仕事が，直ぐには，ある結果が出ないことを良く知っていて，いくらでもごまかしが効くと思っている向きがあります。そして，働かないのか働けないのか不明ですが，いずれにせよ，本来的な仕事が来ないように仕事をするという点は，どこかの役場にいるような給料だけが目当ての公務員とも似ています。しかし，その公務員と決定的に違うのは，その人達が相手にするのは，悩みあぐんでいる来談者という方なのです。

（2）徒党を組みたがる人達

またこのような人達は臨床的な意味で自己感覚が健全に作用していないのでしょうか，一人で居ることが嫌なのでしょうか，多くの場合，同じような

人達と徒党を組み，時にはまじめな心理臨床家の提案や存在の足さえも引っ張り，多数で群れようとします。

そうした事態にも関わらず，まっとうにコツコツと自分なりの仕事をこなそうとしている人が，そのような人達から嫌がらせを受けていることさえあります。

良くできた方は，嫌がらせに対してそれなりの対処の仕方を心得てはいますが，初心者の場合は拒否能力もなく，抑うつ症状を起こしてよく相談に来られるような事態を，その人達は平気で起こしています。

また，このような人達は基本的には自信がないためか，新しく入ってきた人とすぐに知り合いになりたがり，自分の立場の味方につける作業は素早く，かつ見事なほど能力を見せます。私はそのような姿を見ても聞いても，

「どうしてそのような能力を心理臨床家の場で来談者の方に適応しないのか？」

とついつい思ってしまいます。

たとえば，まだ知らない人と知り合いになるコツとか，かなり仕事をやっているように見せかける方法だとか，内省すれば随分豊かな「やりくり」があり，それを来談者に上手に教えることなど沢山臨床に生かせます。

また，周囲へばかり目や関心がいき，それより目の前の来談者や患者さんをしっかり見ることが本来の仕事ではないかと言いたくなります。

（3）他人に取り入り利用する人達

また，このような人達は，繰り返すようですが，自己自体感の不全性のため，自分の職場の上司の方に近づき，自分を取り入れてもらう努力は惜しまないようです。上司の方もよほど注意深いか直感力が優れていない場合，その実態は分からない様子です。

何度も指摘するように，心理臨床の仕事は，いくらしてもこれでよし，と思える境地まで至るのは大変な努力を必要とします。やっても，やってもキリがないでしょう。また逆に，いくら手を抜いても，来談者の方は堪え忍び，もともとクレームを付ける能力に欠ける方に，よりストレスをかける事態となっても，来談者の方は耐えるか，健康的になれば来談しなくなるでしょう。来談者は，クレームがつけられないのが来談者たる特徴でもあります[3]。

このような人達が危機介入事態となれば，最悪の場合自殺さえ起こってい

る事実もあります。本当に，ゆゆしき事態ですが，本人は至極普通の顔をして，保身や言い訳には懸命な様子です。自分こそ，被害者だと，周りにアピールする人さえもいます。

（4）理論や方法で心不足を補う人達

　このような人達は，多くの場合，知能は優れているので，心理臨床におけるある理論や方法により，自分の心不足を補おうとします。その時，その理論や方法が，来談者の方の満足度を指標にされている場合は，好ましい生産的な防衛的適応になります。しかし，その方法の都合の良い事実しか目に入らないような形だけで利用されている場合，その形について行けない来談者には目を向けず，うまくいった場合によってのみ，その方法に固執しようとします。その場合でも，自分の理論や方法本位で，来談者の満足度や体験本位にはなっていません。

（5）地位に必死にこだわる人達

　また，このような人達はやたらに役職やその権威にこだわります。それゆえ，とても地位に対して上昇指向的です。そして，その努力の果てに取り込んだ権威は，やたらと他人に，不満をぶつける場合が多く，それは，決して内なる正当な権威に裏づけされてはいません。

　また，こうした要素が絡み合うと，自分がスクールカウンセラーを各学校に配分する役職につきながら，それを利用して，月収が100万を超える人達の噂を一時は頻繁に聞きました。そこでは，極めて不平等，かつ不適切な人事となり，これは社会的に大きな問題で，その弊害にあった人達の嘆きや怒りを，私はたくさん聴いてきました。若くして有能な心理臨床家が望む職につけず，つらい思いをしている事実もあるのです。

　また，そのような人達の中には，自分で勝手にポストを作り，そこに就任して勝手にそこの報奨を作り，勝手にそれを得るというマッチポンプのような事態さえも起こしています。

（6）来談者を事務書類のように扱う人達

　このような人達は時には，来談者を人としてではなく，事務的な一枚の紙のように扱います。そして，ややこしい来談者の担当を嫌い，別の担当者に，

あたかも事務の書類を扱うように，簡単に変更しようとします。

　そこでは，来談者の意向が中心でなく，その人達の都合が中心なのです。ややこしく，不平混じりの来談者は，しっかりその不平を関係において明確にできません。来談者は，そのような拒否と注文能力は欠けています。だからこそ来談者なのです。

　また，自分の面接担当の変更の事情も，来談者と共有せず，勝手に目立たないようにして，すぐに他に回そうとします。他に回す手続きが来談者を中心にしたものでなく，自己本位で，きめ細かな配慮と実践にかけているのです。

（7）カテゴリー分けにこだわり続ける人達

　このような人達は，しきりにカテゴリーにこだわり，それに分けてしまうのです。ここ 10 年ぐらい前から，とみに増えているのは，発達障害というカテゴリーです。そして，そのカテゴリーに分けて，学校や家族に説明して，それで終わるか，ほかの施設に回したりします。

　そこでは，カテゴリーに分けること自体が目的で，カテゴリーに分けた方が本人とって整理ができ，都合がいいだけの話で，分けられる来談者や家族の事情や理解には，ほとんど無関心です。

　本来的には，そのカテゴリーに対応した治療的な面接と周りの方々への配慮とセットになるべき作業を抜かして，カテゴリー分けだけに必死なのです。

　そのような作業は治療的な意味合いがないどころか，本人や家族に迷惑さえもかけている事実を知りません。また，知ろうともしないのです。

　本来の我々の仕事は，いかなるカテゴリーに分けたとしても，その症状や訴えを軽減していく援助にあることを，その人達は単なる知識としてあっても解っていません。

　たとえば，私は元来，先天的な要因が強いと言われる，てんかんの患者さえも，気長に時間をかけて理解して行く内に，徐々に発作の回数が減り，薬も随分減らせたり，不要にさえなった方を何名か担当してきました。しかし，このような人達は，そのカテゴリーだけで薬物療法に任せるだけで，何らかの治療的な面接への発想が浮かばないようです。

　レッテルとか病名は，すべて，観念上の産物です。テキストに載っている統合失調症などは観念上の産物で，実際はそんな傾向をもった個々の生きた

患者さんしかいません。いずれしても，面接者本位で来談者の立場など念頭
にないところが共通した特徴です。

　我々に必要なのは，ここでは細かく書きませんが，このようにカテゴリー
にこだわる医学的診断名ではなく，治療的な患者のための診断名です[4,5]。

（8）傷口に塩を塗る人達

　このような人達の被害にあった来談者は，比較的容易に分かります。それ
は，私との初回面接の時に，のっけから「すべて私が悪いのですが……」とい
う切り出しで始まります。その時，私は「ああ，またか……」と思います。来
談者に「貴方は以前，どこかで相談してきてはいませんか？」と問うと，7割
ぐらいは頷くのです。そこでの話をよく聴いてみると，来談者の母親としての
発言に対して，「そこが問題，あれも問題」というふうに，その欠点ばかりを
上げへつらっているのです。悲しいことに，その指摘は的確で，的を外したも
のではありません。それで，その人達は，原因究明に至ったと満足しているの
でしょうが，お母さんの「悲しい心やつらい心」については，なんら触れてい
ないのです。そのような訳で，母親はとうとうと説教されてきて，母親の気持
ちのやり場がなくなって，相談にきたという次第です。それで私は，

　「どの親でも，子どもが不登校になるように育ててはおりません。誰もがこ
れがよかろうと思って，子どもを育てているのです。そこには，誰も悪人や
犯人はおりません。子どもが不登校になるのは，いろいろな条件が重なって
なるだけのことで，お母さんは決して，犯人ではありません」

　と述べると，ほとんどお母さんは涙をぬぐうのです。それから，治療的面
接が始まります。

　このような人達は，母親の痛いところに塩を塗っているだけで，母親の元
気の回復のためには，何の役にも立っていないし，かえって危機感をあおり，
自責の念を強くして元気を失わせ，迷いを深めるという非治療的な作用を起
こしていることを，その人達は自覚さえもないようです。

（9）心音痴といえる人達

　このような質の低下した人達の中には，資格を取得するさまざまな概念に
ついての記憶力は優れて知能は高いのですが，心の指数が極めて低い方もい
ます。体質的に「心」音痴というか，心理臨床的に不器用で，本当のところ，

来談者の細かい気持ちがよく解らない人もいます。加えて，その人達は，よく分からない自分について無自覚のようです。それだけに返って資格にこだわり，周りに迷惑さえも掛けます。

「今日，明日にでも死にたい」という来談者とその「心」音痴が重なるとどうなるのか？を推定するだけでも，ゾッとします。

本当のところ，来談者の「心」などあまり分かっていないのか，それをカモフラージュして，心が問題ではないところ，例えば，組織や社会的集団などでは頭がよく動き，結局はその不神経さゆえに，周りのまじめな人々に弊害を及ぼすのです。このような人ができるのも，「心」の課題を取り扱う資格，という問題自体が内蔵する基本的な問題，ないしその功罪とも言えます。周りから保護されて生きていくしか適当な方法が見当たらない人々をも含みます。

(10) 上司として職場を乱す人達

重ねて述べますが，そのような仕事ができなくて，嘘やおべっかなどを含む，巧妙な立ち回りである地位に立った人達は，現場で，仕事のできる人や周りに人望がある部下に対して，ねたんだり，仕事の足を引っ張ることもあります。それどころか，そのような人のありもしない噂話をして，他人に迷惑をかけているかのように，その人達なりの人脈にふれまわり，辞めさせようとする人さえもいます。

そして，職場の周りの者を取り込むために，そのずる賢い心性を巧妙に隠し，あらゆる方法で取り込み，自らの立場をかっことした物にするのには努力を惜しみません。

基本的にあるものは，仕事ができる人や人望の厚い方への嫉妬と，そのような人から必要以上に我が身の優位性を示したいだけの人達です。あるいは，無意識に，臨床力のある人への脅威を感じているのかもしれませんが，そこで一番重要なのは，自分の都合だけであり，仕事の質などについての問題は，その人達にとっては余計な問題となり下がることなのです。

私はこのような構造の中で苦しむ来談者のみならず，被害にあった実のある心理臨床家に何名会ったか数え切れません。

(11) 地位や社会的立場に恋々とする人達

これらの人は，自らの不全感のためか，ある地位や社会的立場に恋々として，自ら行っていることが周り回って他人に迷惑をかけているどころか，「社会」のために尽くしているとさえ信じようとします。しかし，周りの方は，その方の有り様や時として官僚的発想に付き合うのに辟易としています。これらの人達は，それなりの「合理化」ができやすい故に，仕事や立場に恋々とし，しがみつこうとしていますが，静かに横から眺めていると，一見「他人のために」なっているかのごときに見えても，結局は自分の社会的立場を誇るためであることがよく分かります。

（12）人格者を装い組織を支配し，その根っこを腐らせていく人達

やっかいなのは，一見，知識人であり，有能で，なおかつ，人格者に見え，実は内面が薄い，実のない人達です。学歴，肩書，社会的地位，経済力を重視し，人を「自分より上か下か？」で見て，相手によって行動を変え，それを人に見抜かれないようにしながら，自分は人から尊敬され，一目置かれることを欲するような人達です。

そのような人のいる組織も一見，健全であるように見えつつ，時間が経つにつれ，根っこからじわじわと腐れていきます。支配は支配を生み，組織内にイジメのようなことも起きたりします。「仕事ができて当たり前，来談者の数をこなしてよしとする」，徹底した人へのサービス業であるはずが，実質的には管理主義の営利団体にさせてしまいます。内実が薄いという点では，企業や他の組織に似ていると言えます。

いつもそうですが，その被害は来談者，そして本来の志と真心を持って懸命に働く人達に及びます。人の心を大切にする有能な人物からつぶれていき，辞めていきます。

一見分かりにくいと言える内実の薄い人達は，自分を有能で人格者と思い，自分の思い通りにならない人，動いてくれない人，動けない人を「無能でいらん子」と考える向きがあり，来談者を大事にと言いながら，目の前の職員を罵倒することもあります。自分が正しい，こうであるべきという気持ちが強すぎるのかもしれませんが，特徴としては，上に対する態度と下に対する態度が別人のように違うことが多く，また，感情的になった時の変容ぶりに驚かされます。また，じっくり見ると，その人が言っていることと行なっていることが違っていて，「口ではどうとでも言える」と言いたくなる感じで

す。また，イジメが発覚したりすると，その実態の膿が出ると自分が困るので，内部事情が明らかにされることを異常に拒み，隠ぺい工作に動き回ることさえあります。そんな時も実に巧妙で，上層部が手の内なので，思い通りになることが多く，組織の底辺から悲鳴を上げても組織は変わらないようです。もちろん，そんな時でも自分のポジションや評価に対する危機感はあるのでしょうが，支配による歪みと内実のなさが問題を生み出しているという自覚が，本人にあるのかどうかは分かりません。

　役職がとかれ，素の自分になった時，お金は残っても，どこか虚しく孤独を感じることになるのではないかと，私は思います。

　要は，本文でいう「心ひとつ」が欠けているのです。

　これらの人達は，完全に社会化された「解離」した顔を多数もっていて，その使い方はとても身についたものですが，基本的には「解離」しているがゆえに，自己自体の「実」はどこかに消えています。

　このように欠点のみ書き綴ると，「ああ，疲れた」という特有の疲れを感じます。読まれている方もそうでしょう。考えてみればそれは当然のことで，全体のバランスが欠けているからです。それはまた，悪い所探しをしている面接での来談者の疲れと共通しているかもしれません。

　人はこのように欠点のみでなく，後述しますが，その欠点のあとに「……能力」をつけて考えると，そのような生き方のおかげで適応しているとも言えます。良い点もあり悪い点もありバランスがとれていると言えますが，欠点のみを書き綴られるとアンバランスとなり，それを保持するだけで疲れるでしょう。たとえば，不潔恐怖症の人が，洗濯したてのシーツの中にある黒いシミを熱心に探し出そうとするように，ある特有の神経症的な疲れをもたらします。ですから本来的に，このような文章は人の精神衛生上よくないということを改めて念頭に入れてください。

　質の低下したこれらの傾向は単独ではなく，多くの場合は複合しています。おそらく，自己不全感からくる，心の奥深い実存的な欲求不満に基づくもので，これらの傾向すべてがどこかで不全感として連鎖しているもののように思います。

　いずれにしても，このような傾向を私自身もわずかずつ持っているような

気がします。しかし，その欲望に支配され，その虜にはなっておらず，その欲望に対する自己の支配感はあると思います。

問題なのは，無意識ないしは半無意識的に，このような欲望の虜になり，人や社会に迷惑をかけていることを分かっていない点では，病識の欠けた患者さんと似ていて，どこか浮ついた不全感が伴います。そこには，どこまで行ってもぬぐいきれない自己疎外感があるとも言えます。

5　質の低下のありのままの姿の理解

（1）質の低下の理解の必要性──「能力」そして「願い」という文字をつけてみる

これらの人達に共通して言えることは，質の低下したやり方を身につける程その合理化能力は強まり，自ら，自分自身を振り返ることができないのです。それは，自分なりのやり方を含めて，それを0からやり直そうなどしないし，できないのでしょう。それどころか，場合によっては自らの正しさしか感じられないところがある様子です。なぜなら，反省したり，自己否定すると，自分がなくなってしまうからしょう。

もともと，自分の素直な心が必要な臨床の場で，その，「もともと」に返れないのです。ひょっとして，その「もともと」が薄れて，なくなっているかもしれません。その方達は，自分が正常と信じ切っている病識のない患者さんのようで，かえって，とてもやりづらいのです。

また，私は何故このように質の低下した人達について細々と示しているかというと，1つは，できるだけありのままの姿を理解した方が良いと思うことが多々あるからです。例えば，相当常識的な事態に賢い方でも，このようなつまらなさを，よく説明してあげないと，今悩んでいる職場の上司のつまらなさや寂しさを,「なんだ，そういうことか」と理解できない方が多いのです。

ここで少し頭を冷して，もしあなたが既述したような要件で被害者であり困っているなら，ひとまず相手から受ける困っている問題や事がらの後に「能力」をつけて [17]，その能力のおかげでその人が何を得ているかについて少し思いめぐらせて下さい。少しそれが難しいなら「仮に，その上司があなたの患者さんなら」と想像してみてください。

第Ⅴ章　心理臨床における質の低下　75

　たとえば，よくあるのは，支配的で自分の意見をわめきちらす上司です。この時支配的でわめく「能力」のおかげで，その上司は何を得ようとしているのか？　について思いめぐらすと，たぶん「自分の思うようにさせたくてそうならない時はガミガミ言うことで少しは気が晴れる」とか，「自分を誇示できる」というメリットがあると考えついたとします。そしてそのようなメリットは上司のどのような「願い」からきているかを思いめぐらせてみます。すると，「自分の思い通りに人を動かしたい」とか，「全ての部下も自分の思い通りに動くコピーのようにしたい」という上司の「願い」に思い至ったとします。すると，「なんだ，これはまるでできの悪い子どもではないか」，「なんかそれは地位という仮面をつけたわがままだけな子どもではないか」と思ったり気づいたりします。おそらく，実体はあなたの感想通りでしょう。それくらいのものなのです。まさに，地位という仮面をつけたできの悪い子どもなのでしょう。時として今のあなたと同じように，上司にガミガミ言われてきて，やっと得た地位かもしれません。そのように少し思えてきたら，そのような態度で接してみて下さい。その態度はたぶん今までにない少し丁寧な「表面的」で「うわべだけのもの」かもしれませんが，それでOKです。

　そこで「なんだ，そんなことでそのような態度を許すのか！」という人もいると思いますが，私は「許す」「許さない」の問題ではなく，「変わる」「変らない」の問題と考えることを提案したいと思います。もう少し言えば，その上司の心の深い所では「皆とうまくやっていきたい」「お互い，わかり合ってやっていきたい」という深い願いが怒りで抑圧され，わからなくなっていて変わりようがないのでしょう。そこではどこまで行っても孤立した虚しい砂をかむような世界の住人になっていくことでしょう。

　一度当方から上司の怒る能力とその願いについて少し考えてみて下さい。そして，毎日会うのでそのように考えるのは自分には無理という場合は，他の職場を探せば良いと思います。

　私は患者さんについて困った時とか，困らせていることの後に能力をつけ，そのおかげで患者さんが得ているメリットについて思いめぐらせ，そのメリットは患者さんのどのような「願い」から来ているのかを思いめぐらすと，非常に楽に共感でき，寄り添うことができるようになります。後述するワークは自らが困っていることや問題とその能力，およびそれについての自らの願いについてのものです。試しに是非，1度トライしてみて下さい。

私は，良識的で人望に支えられた「何とか長」と言われる人もたくさん知り合っていますが，実はこのような構造図式がぴったりする上司も多いのです。

事実，

「上司が良く気持ちを理解してくれて，仕事がしやすい」

という話より，いかに自分の立場と権威を振り回して，本来の仕事をやりにくくさせているか，という話のほうが圧倒的に多いようです。私の仕事がら困った人が来るという事情を考慮した上でも，実に多いと思います。そんな時，

「何だ，このようなしくみで，この程度のものか」

「上役は自分を満足させるために，人を巻き添えにするような，限りない一人相撲をとっているようなものか」

「そんなふうでは，どこまでいっても虚しいのではないか」

「権威を振りかざして，支配的になればなるほど，人は離れ，それをまた支配的に処理しようとして，内実的に人はもっと離れ，どんどん孤立化していくのか」

というような自覚や理解，ないし洞察ができることが大切な場合が多いのです。

ある方はそれを知ることで，「すっと横に流していく」というような方法も身につけたようです。これらの人達の非を打ち鳴らすことは容易ですが，その事実を事実として認め，柔らかく見つめていくのは困難ですが，その方が「急がば回れ」のことわざのような事態に収まっていくようです。

それは，安易に否定するというよりも，正確にありのままを理解して，事態を明らかにする必要があるからです。

私にとっては，このような理解が，私なりの自閉療法[6] の根拠の1つにさえなっているからです。

（2）鈍感能力の臨床的な適応

上述した人達に共通して言えることは，基本的には自らの攻撃性が外に向き他罰的なため，決して抑うつ症状を起こさない点です。他人ないし来談者の立場に立って，来談者の満足度を心理臨床の仕事の大きな目安にするとい

う作業さえも，とても苦手な様子です。それは，元来無関心なのか，できないのか,そうすると自分の立場がなくなるのか？ はよく解りません。しかし，そういう発想を嫌う向きは確実に有るようです。

　このような人達は，自分自身が生きるために行なってきた，心のやりくりを吟味して，多感な来談者の心のやりくりに適切なアドバイスは可能ではないか，ないしは彼らだからできやすいのではないだろうかと推定します。何故なら，多くの来談者は，何ごとも敏感に感じてよく悩む「敏感能力」はあり過ぎるのですが，彼らは逆に鈍感能力が発達しているからです。彼らは抑うつ症状を起こさないすべを身につけているからです。それは，その能力をもったその人でしかできない臨床の知恵となりうるものとさえ言えるからです。

　しかし，そのような話をしたこともありましたが，その場は解ったような顔をしますが，内実は，単に耳から耳に，素通りしていくようでした。彼らにとって来談者の立場や満足度というややこしいと思われるものには，常に自分本位であるため，関心さえ向けられず，ただ自分の正しさやその場しのぎの知恵が大切なのかもしれません。

　彼らは，面接で大切なのは，一人の素直な人間としての心一つで，それは極めて日常的なものだという最も重要な要件を「話」としては聞きますが，決してその，心一つ，を臨床の場で持ち出そうとはしません。逆に，そのような考えを，「心理臨床はそんなに簡単な物ではない，簡単過ぎる」と述べ，反論するかもしれません。その，面接における，心一つ，を信じられないためかも知りません。しかし，来談者はその，心一つを求めているのです。

（3）心と頭の賢さ

　少し話は逸れますが，私が来談者と向かい合って話を聴くとき，ほとんど言葉で語られる「事柄」を聴いていません。聴いているのは，その事柄に関して来談者という主体が感じている感じやその気持ちや心です。より正確にいえば，その人の心の「いのち」のようなものを聞いています。そして，時には後述するように，来談者の持つ心の深い願いも聴いています。そして，それらを明確化すると来談者の主体感覚が少しずつ芽生え，「自己自体感」が育成されて行き，自然に治療プロセスが流れていきます。来談者にとって，自身の頭の理解が心に届くのです。頭の理解が気持ちの理解となり納得して

いくのです。ここで重要な要件は，来談者が語った言葉の繰り返しではなく，気持ちや心をお互いの「いのち」のレベルで確認して繰り返すのです。

こういう点から眺めると，頭が賢いが心の乏しい人，頭も心も賢い人，頭が少し疎いが心のさとい人，頭も心も疎い人，に分けてみると，もっとも心理臨床家とくにカウンセラーとしての資質や適性があるのは，頭が少し疎くて心がさとい人だろうと思います。もちろん，双方さといことはベストです。

ここで理屈っぽい人から，

「心と頭はどう区別するのか？」

という屁理屈が出てくるのは，心の心理臨床をしていないか，それを知らない人だと思います。

臨床の場で，来談者の心をよく聴こうとすると，理屈は十二分に通った事柄を述べていても，心や気持ちがこちらに届かずに２人の間にポトンと落ちてしまう方も多々あるからです。そして，その事柄を伝えると，キョトンとしてまったく自覚がないのが特徴です。頭の良い大規模な企業のホワイトカラーの方が抑うつ症状を示した時の面接事態でよく起こります。

心がさとい人という方は，来談者なり他人が語ろうとしている言葉ではなく，その語りたい心や気持ちを聴いて，またその言語化が巧みなような方です。そのような方は直感的な気持ちを感じたりする能力には長けていますが，論理的な作業はどちらかと言えば苦手です。

私の場合は日本でいる時に受ける疎外感は，時には，私は異邦人なのです。そして，海外に行くと返って私は同胞人感覚が高まります。それは多分，言葉が余り通じない部分，気持ちや動作で心を「いのち」のレベルで伝える必要があるためかもしれません。そうすると，自己自体感が作動せざるをえないかもしれないからです。

（４）頭がさとく心が疎い人の陥りやすい罠

問題は頭がさとく心が疎い方です。このような方は，大学入試や資格試験は通りますが，心の専門家としての資質に欠けて，形の上での合格率は高いのですが，その実質的な資格には通りにくい方が多いようです。このような方は本当は，「我が心一つ」が大事な心理臨床に，××法という方法を持ち込むか，理論に力を入れ，武装を始めます。そのような人の中には元来，人と人との関係音痴のように考えざるを得ないような人もいます。

そのような人は，その方法に頼り，方法に呑まれ，頼っている自分自身に立ち戻ることは困難なようです。本当はそのような方法に頼り切っている自分自身の心の乏しさに触れることはとても困難なのでしょう。このような時，自分が方法を使うというよりも，方法に自分が使われていると述べる方が正確な様子です。

心理臨床における心の問題は，ありのままの面接者自身の弱さを十二分に認めて行く作業が，来談者のありのままの自分を認めて行く作業とパラレルであります[7]。

しかし，そのような発想や発見は，そういう人にはとてつもなく困難なようです。ところが，よく事実を観ると，まだこのような理論武装や方法の研究に頼り，その勉学に励んでいる方は，ある限界やきっかけで原点に立ち戻ることは稀にあることです。問題はそのような，時として真摯な方法との関係さえも抜け，その形だけの方法を形だけ行い，ただ金銭的な事情だけで，物知り顔でその場しのぎに長けている人達です。

このような人達はその実体を隠蔽する能力に長けて，そのやりくり能力を治療的に活用すれば素晴らしい臨床能力に変容するものですが，そのような発想さえも浮かばず，豊かな可能性を見すごしていきます。またそのような気づきさえ，まったく不可能です。なぜならそのためには，やはり，自分の能力を伸ばす先達への相談，スーパーバイズを受けた方が好ましいのですが，そのために係る経費を考え，自己教育のための大事な予算というカテゴリーはムダ使いとなり果てていくようです。このような人達は，自分よがりの万能感をもち，スーパーバイズの必要性など念頭にないためかもしれません。

たとえ研修のためにお金をかけるとしても自分が利用しやすい理論を学ぶためだけのものになります。

このようないろいろなレベルの質の低下に総じて言える本質的な特徴は，なにか貰おう貰おう，得よう，得ようとして，本来捨てたら楽になるものにしがみつき，捨てようとか，与えようという大切なことを見失なっているところです。

すべて捨てて，初めて始まる道が見えないのです。加えて言えることは，臨床の質の低下から発信される特有の不全感への敬意の欠落です。本来この不全感は自己調整の水先案内人のような賢さに満ちているものであるのに，

なかなかその不全感に相談するという発想さえも浮かばないのです。また，いくら金銭や地位を得ても，常にほしい，ほしいの固まりであり続けるのです。

現行の公認心理師の資格制度は，ある経歴があれば誰でもなれるカウンセラーとして作用して，心理臨床家の質の低下を加速するのではないかという懸念を発生させかねません。

そして何度も言うように，その質の低下のつけは，また来談者が払うであろう事実を懸念するにつけ，底知れない懸念や恐れに近いものを感じます。

6　組織における質の低下とその知恵

組織における質の低下とは，変化を嫌い，本質的に保守の固まりであり，我が身の保全に懸命になるところから始まります。しかし，その姿を特別なものとするなら，それは違います。世の中このような保守的を第一とする人々であふれています。

例えば，教育会や教育委員会や校長会の体験を少し述べてみます。

（1）不登校・いじめ等対策協議会

私はその昔，教育委員会が不登校・いじめ等防止対策協議会なるものを立ち上げて，その専門家代表として参加を要請されました。その会に参加してまず驚いたのは，正面のホワイトボードにはズラリと式次第なるものが書かれていて，誰が聞いても面白くもないような儀式的な挨拶や激励文の代読が続き，やっと専門家代表の意見となりました。そこで持論を述べようとしても

「約5分以内におまとめ下さい」であり，少し長引くと，

「申し訳ありませんが，会議の議事運営上，手短かに」

と言う訳です。

約3時間，私は何をしにきたのか，当初はわかりませんでした。次の会議の時，私は，

「この会議は確か不登校，いじめ等防止対策のためにあるのですよね。しかし，その話にまったく触れる時間も与えられず，私などの専門家は一体何のために莫大な時間を浪費しているか，私にはまったく解らないのですが……」

など，いつもの癖で発言しました。司会者も，少し驚きながらも，

「貴重なご意見ありがとうございます。さて，次に移りたいと思いますが……」という様子でありました。

その後で少し驚いたのは，その防止対策協議会のおそらく教育委員会のスタッフの人達が集まり，私に，

「先生よく言ってくれましたね。我々幕の内から拍手を送っていますので頑張って下さい」

とのことでした。そこでいくら組織に疎い私でも，嫌気がさして，

「ああ，そうか。だから，持論を繰り返し述べれば，直ぐにでもお役ご免となるから，辞めたかったら持論を続けることよね」

と分かり，そのとおりにしたら4回目ぐらいから依頼が別の方に廻りました。

この別の方は，私の独断に依ると，何の変哲もなく，如才なく，物事に対応する方でした。しかし，理屈や理論好きで頭はさといのですが，来談者のことを我が身で考えるタイプでは無いように思われました。

私は，臨床家ないしはその指導的な立場におられる方の大事な条件にとして，学生ないし来談者の成長する足を引っ張らないことと思います。しかし，組織的に大切なタイプは，何の変哲もなく，如才なくこなせる方で，重要な要件としては，その組織員を育てる大事な目を持っている方と思います。特に大学組織においては，そう思います。

話は戻りますが，私がその防止対策協議会という組織から学んだ要件は，結局はそのような対策協議会なるものが「在る」ことだけが組織として大事な要件であり，中身はかえって，持たない方が良いという見方です。

中身を持っていると，その中身を議論されては，組織として，かえって困るのです。なぜなら，議論が深まり，具体的な対策が実際に決まってくると，その組織はその決定に従い，実際に動かなければならなくなり，形式的な不登校・いじめ防止対策協議会は変化しなければならなくなるからです。そこでは，この不登校やいじめ問題について，このような防止対策協議会なるものが「在る」ことだけが大事であり，その中身はどうでも良いということを知るのに，組織的に疎い私でも，余り時間が掛かりませんでした。

だから，専門家としてどのように考えるかを述べようとすればする程，い

らない人となり，私は4回目でいらない人となったと思います。

　この会議のように，組織において，在ることだけが大事な要件になるようなものは，いたるところに認められます。国に何か問題が発生するなら，その対策協議会が作られ，大学においても，なんとか委員会というグループを作ります。そこでは個人としての責任を取らなくても良いように，組織においての決定となります。このように，組織としての決定や責任となり，「私」個人としての責任，と言う声が聞こえないので，聴いていても詰まらなく感じられるのでしょう。そこには「人称」がなく，心の声がないからです。

　ちなみに警察でも，苦情処理係なるものがあります。しかし，その苦情処理係に私は駐車違反の件でとても問題を感じ，電話を入れました。最初は，
　「どんなご意見でも結構です，どうぞ」
　と言う訳で，違反の取り方のアンフェアな要件を話し出すと
　「そういう意見はその担当の警察官に言うか裁判で言うかで，ここに言うものではなくて，別のところに言いなさい」
　と言う始末で，苦情処理は心がなく，形ばかりで，まるでダブルバインドでした。警察でも苦情処理係が「在る」ことが大事で，その内実はほとんど問わない様子でした。

　後でまた，述べますが，私は，これらの組織の持っている，形ばかり作る，何も感じず，何も自らに問わないという世間の知恵が，多感な自分自身を感じ過ぎて苦しんでいる来談者の方のひとつの治療方法となり得ると思い，「世の中の適応は難しくなく，簡単に学習できる」こととして，その必要がある来談者の方に伝え，かつ，練習することが時としてあります[6]。

（2）ある校長会の話

　昔，教育委員会より，校長の研修会だったと思いますが，その講師にという依頼を受けました。そしてある会場に行き，レジメなしの理由を簡単に延べ，話し出したのです。通常，話しかけて5分か10分で聞き手の雰囲気が変わり，少しは心の動きが見えてくるのですが，この場合，10分，20分たってもまったく何の動きもないのです。私はそれを不気味に感じました。そして私の中に，あるイメージが湧いてきました。

　それは，身体全体を土の中に隠して，外敵から解らないようにして，眼だけが土から出て，周りをじろじろ見回しているヘドロの中の蟹のようなイメ

ージでした。そこには心の動きなど全くない，脳波は言わば仮死状態で，まったくフラットで，話をしても，眼だけがじろじろ人を眺め廻すだけで，極めて話しづらく，かつ不愉快でした。

そこでは，何を話していようがまったく問題ではなく，むしろ，単に何も感じず，時間だけが過ぎて終われば，それでよいようなことだったのでしょう。

私は少々憤慨して，開催者の方に印象を告げました。開催者の方は

「今回は皆さん，割合たくさん，熱心に聴いていたように思いますが……」

と言うので，私は蟹のイメージの話をすると，

「それそれ，実にそれなのです。できたら次回，その話をしてくれませんか」

ということで，次回，その蟹のイメージと脳波が仮死状態である話をすると，少しは脳波にチラッと変化が見られ，ハッとした様子でした。

教育会においても，無論，組織の目的を実として，流動的，革新的に活動し機能している組織もあるかと思いますが，私は不幸なことに，あまりそういう組織には出会いませんでした。

先ほどの不登校，いじめ等対策協議会もその校長研修会もおそらく基本的には，していることと，単に「在る」ことに意味があり，そこで何も起こらないことに意味があり，一部の方は何か変化を求めていても，組織の顔になれば，また，もとのもくあみ状態に変わるでしょう。そこで意味がある持論を続けると，組織上，要らない子になってしまうかもしれないからです。だから，神田橋先生は，よく「組織における××長というのは，出来の悪い者が多く，かえってはみ出しの中に本物が多い」というようなことを，よく言われていました。

この姿は本質ばかり追い求めて，社会に要らない子となっている多感で純粋な来談者と社会との関係やその構造と極めて似ています。

（3）形式とその知恵——神経症レベルへの自閉療法

このような組織の持つ形式や建前をまったく無意味だとして批判だけでは，私は終れないと思います。考えてもみて下さい。世の中の形式が破れ実質や本音のみが残ると，場合によっては，喧嘩や口論，主義主張などが氾濫

して収集がつかなくなるかもしれません。

　我々は家族問題や遺産のトラブルがきっかけで，抑うつ的になった事態とその事例をよく見かけ，また相談もされます。そこでは，形式のたがが外れ，本音が吹き出しているからです。

　たとえば，私の友人の専攻が病理学で，ここ最近，元気とか健康ということはいったい，どんな状態なのか，一生懸命考えていたらしいのです。その時学生が，

　「先生，おはようございます。お元気ですか？」

　と挨拶すると，友人は

　「そんな難しいことを聞いて俺がわかるか！」

　と怒ったらしいのです。後でその学生が私のところに来て

　「あの先生変わっとるね」

　ということで，本人に聞くと，

　「あっ，そうだったけ。その問題で考え込んでいたので忘れてしまった」

　とのことでした。もし仮に本質的なことだけに価値があると思う人があれば，

　「おはようございます。お元気ですか？」

　という挨拶も，

　「そのような基本的には，本質的に何の関係もないことは聞くな！」

　ということでもなり，ギャグのようでもあります。

　世の中の多くの部分は，形式や形や，上っ面や，どうとでも良いことや，時にはおべっか，などで成立しています。おべっかに至っては

　「まぁ，お宅のお坊ちゃんはハンサムだし，成績も良くでき，どうしたらあのようなお坊ちゃんができるのか，お聞きしたいですわ」

　「いえいえ，お宅のお嬢様こそ上品で……」

　という対話が延々と続くのです。そのような対話はお互いの精神衛生にプラスになっているか，新しい気分転換か，お互いに良い関係を保とうとするなど，何かを作っていくのでしょう。そういう意味では，治療的効用がある作業なのです。

　そのような時，本音を持ち出すと，

　「お宅のお子さん，顔も不細工で，性格も悪いし，さぞかし学校でも大変だから，転校してもらった方が良いと思いません？」

とかになるでしょう。本音を含めて，本当のことを語ると，後で禍根が残るのをよく知っているのでしょう。

私はこのような形だけ，形式だけ，上っ面だけの世界の存在意義は無論，認めているどころか，後に示すように，その構造の治療的な取り入れさえも考えています。

（4）「形だけ」の持つ治療的な意味

これらの組織や個人の持っている，何も感じず，何も自らに問わないという世界はそれなりの自己を安定させることなどを中心にした「知恵」があると思います。そして，それは，自分自身を感じ過ぎて，その多感性に苦しんでいる来談者の方のひとつの治療方法論とさえなり得ると思います[6]。

多感で何事も自己自身の感覚で捕らえて，混迷したり苦しんでいる患者さんには，どうでもいい形だけの世界観とその収得が，治療的に必要な人達とさえ言えると思います。

そのためには，世の中の大半はどうでもいい話でできており，極論すればそれは嘘事でできているとも言え，その外的な適応は難しくなく，

「週刊誌一冊読むぐらいで，簡単に学習できると思うのだけれど……」

というふうに，その学習の必要がある来談者の方に伝え，かつ，その上辺だけを練習することが，時として有効なケースもたくさんあります[6, 12]。

その時に必要な要件は，世の中大半は形式や場合によっては，おべっかや口先だけや嘘ごとでできている事実を，来談者がどれ程受け入れられるかという課題はあります。そういう形だけのものを身につけることは，かえって，自分の本質的な部分を守るということを，充分説明してあげなければいけません。そして，大切な要件は，嘘から出た実をどう体験するかということがポイントになります。

たとえば，一日一回は，自分から挨拶する，という課題を与えられた，人目が気になって仕方ないというひきこもりの来談者が

「おはようございます，お元気ですか？」

という課題を達成したところ，

「おはようございます。あなたの体調はいかがですか？」

と相手から聞かれ，自分に相手から発言があったことによって来談者は，

「違う世界にワープした気がする」

という驚きを述べました。いわば一人の世界から関係の世界にワープしたとも言えます。

それから後の彼の上辺だけの話への熱心さは，毎日のように新聞を読み，上辺をつくる楽しさを学習していきました。このようにぴったり来る事例は珍しく，だいたいは行きつ戻りつですが，形だけの世界は，いわば常備薬のような物と思います。

人は形だけ，外面だけといいますが，城閣でいえば，いわば本丸が幾重もの外壁や出城や堀や池で守られているように，本質が人の心の本丸とするなら，外枠で（形だけ）しっかり本丸を守るものを作る方が，本丸（本質）は，「守られている」という安心感をもたらすという内的事実をみすごしがちです[6]。

第Ⅵ章

私の治療的面接の原則論

——心の「いのち」を聴くこと

1　治療的面接における日常性の大切さ

　私は心理臨床家の基本的な資格は，あれこれ理論や考えもさることながら，面接において，生々しい体温を持った「私」というただの一人の人間にもどる能力だという想いがどんどん深まっています。

　面接の場を特別な場として捉えず，きわめて，日常的な場として捉えるのです。特別な場として心理臨床を捉えるのが好ましいか，日常性の延長として捉えるのが好ましいのか，どちらが，より来談者の面接の安心感や満足度を高められるかという論争は不毛とも言えます。その問いは，来談者の方に聴いてみてください。非日常的な場として面接している人は，一度，来談者を友人のように思って日常性を面接に持ち込み，来談者の方にその感想を尋ねられたら答えは自ら分かるでしょう。

　私は，病院においても決して白衣を着ません。白衣を着ると同時に，日常が非日常に変わるからです。また神田橋先生も，

　「僕は，白衣をなるべく着ないようにしている」と言っていました。私服の上に白衣を着ると，いつもの「私」でなく，また，来談者から見ても，特別な白衣を着た人になってしまうからです。

　私の精神療法外来の陪席に来た人から，

　「先生は，面接でも，スーパーバイズでも，講義でも，普段と何の変わりもないのですね」と感慨深げによく言われます。それは，自分でその場，その場の顔を作るということを最低限にして，本来的な自分を大切にしようという治療者として心がけの一つです。その場，その場の顔を作る癖をつけると，ややもすると，本来的に一貫した自分というものを見失いがちになるからです。加えて，その顔作りは私にとり，不要で不自由な自分を勝手に作っ

ているように思えるからです。その無意識的な訓練は，本格的には神田橋先生との教育分析という名のもとでのスーパーバイズから始まったと思います。

　ちなみに，スクールカウンセラーを週2校を3校に増やし，疲れ具合が異常に高まったというバイジーも多いです。その時，無論，仕事量も増え客観的な疲れもありますが，異なる学校に合わせて違った顔を2つから3つに無意識的に増やしている疲れも随分あるということです。その場合は，相手に合わせ過ぎて，自己自体感が薄れ，肝心の自分の意見を述べることが困難になっていたことに本人が気づいた時に，「この異常な疲れと違和感は，ああ，そういうことだったのか」ということで，随分，気分が楽になったという話もよくあります。ちなみに，忙しいという文字は「心」を「なくす」という意味で成り立っています。そして時には，客観的に忙しいのではなく，忙しいという感じに忙しい時もあります。

　神田橋先生は，

　「面接には，日常性を持ち込み，日常では，治療的関係を持ちこむことが治療者としての自分を作る自己修練になります」という昔のアドバイスを，私はまだ大事にしていて，随分以前よりそれを意識せずに自動的に自己の一貫性を持てるようになったような気がします。

　また，この自己統一感や自己の一貫性は，来談者との信頼関係を作る基盤となっている，心理臨床上，非常に大切な要件と思われます。

　想像してみてください。来談者の話や来談者の社会的地位によって態度がコロコロ変わる面接者と，いつも一貫してその人らしさが感じられる治療者を並べてみると，私はためらわず，後者の治療者にかかりたいと思います。

　もちろん，最初は意識的にこの訓練をしようとして少し苦労をしましたが，数十年心がけていると，ほぼ無意識に自分の一貫性が保てるようになりました。すなわち，私という顔は，どこに行っても一つで良いのです。

　質の低下した面接では，面接者は，来談者の面接の満足度で自らの面接の質を上げようとはしません。ただその場しのぎの理屈や他人の物真似のようなもので面接をやりくりして，自ら一人の素直な人間であることの重要性を知らないのか，そうできないのか，素直になるのは危険だとさえ思っていることもあるようです。彼らは，元来の素直さは，来談者と自らの完全な調和

にむけての心地よい営みであることを知りません。

　本書に出てくる，「心ひとつ」の面接とは，私の長年にわたる面接体験での治療的事実に則った経験的概念です。換言すれば，一人の人間としての「今，ここ」の，場合によっては「あの時，あの場」での面接を刻々と来談者と共に生きる「自分」に基づくものです[3]。それは，生きた，体温のある生身の面接者自身の，その場コッキリの体験を意味しています。しいて言うなら，自己純粋性と自己一致を込みにした方法とも言えます。そこにあるのは，生きたその場の面接者自身であり，「今，ここ」での発言とは，その場の自分にしか出てこない，自分の発言であり，その発言に来談者が同意して頷くほど，面接上での質が高いものになってきます。それは来談者の「今，ここ」に対応したもので，文字通り出たとこ勝負で，流動的で，既成の理論に囚われない，「その場こっきり」の科学論——関係の科学論（人との関係における科学論）と言えます。それは，面接でとり扱われる心は生き物で，来談者と面接者の間で刻々と変わっていくという事実によるものです。

　そういう意味では，私は面接における言葉とは，その生き物のような面接過程という大きな川に湧いてくる「アブク」のようなものだとも考えています[5]。

　要するに生きた面接において，参考文献と言えるものは，自分の体験以外何もないと考える方がこの方法の本質をついていると思います。

2　私という原点に常に戻ること

　質の低下した心理臨床家は，自己改革を好まず，自己合理化と保身に徹します。仕事をしたようなふりをしても実質的に元来の仕事は余りしません。できないのかもしれません。一旦，このスタイルを身につけるとそこから抜け出るのは困難です。質の良い心理臨床家は何回も自分に絶望して，そのたびに自分という原点と振り出しに戻る能力があるようです。それは，余分な物を捨てるか，面接事態では，いろいろな理論を一応すべて棚上げする能力です[3]。前田重治先生は，この「0」に戻れる心境や棚上げできることは能力だと語ってくれたこともありました。

　私は，教育分析という名のもとで神田橋先生のスーパーバイズを受けて，そ

れまでのイメージ研究や精神分析研究とその業績をすべて捨てて,「私」という原点に戻り[8],自分の言葉で語れる臨床と研究に向かい,歩み出しました。また,中井久夫先生に幸いにも壺イメージ療法[9]のシンポジウムで宿泊をともにでき,隣の席に恵まれました。中井先生が,横にいるだけで,言葉にできない治療的雰囲気と深い安心感を感じて,今までの自分の有り様が粉々になり,治療者として原点に気づき,再度,私という振り出しに戻れました。

　質の低下した心理臨床家を観るより,患者さんを観ていると,どれほど患者さんと言われる方が純粋なのか,痛いほど分かってきます。また,私は本質的な純粋さだけで生きる弊害も同じように考えています。
　私は資格保持のためのポイントになる研修会に,講師として何度もいきました。たまたまそこのトイレで聞いた話は,
「今日の話は資格研修会のわりには面白かった」
などと,他人事のような評価をしていました。そこには自分自身についての自覚がかけているのです。ただ時間さえ経ち,ただ資格継続のための研修会受講修了書さえもらえたら,後はどうでもいいのでしょうか。そこには資格継続が大切なのであり,後の大切な内的資格の質の向上などの発想などないようです。本当の意味での自己の研修会になっていないと思います。

3　自己自体感と生き物としての面接

(1) 自己自体感の心の位層と底辺からの理解の必要性
　私が考える心には,さまざまな位層があります。その位層は裾拡がりの,なだらかな山のようなイメージですが,実態は個々それぞれの形があり,生き物のように変容し続けるので,ここではあえて単純化した図示はしません。
　まず,そのすそ野の辺り,心の最底辺に,身体があります。その身体と重複するように非言語的な身体感覚のようなものがあり,そこでは,どこまでが心で,どこまでが身体感覚か,混沌として区別がつかないような位層(レベル)です。その上に,歩き方,動作,顔色,話し方や雰囲気というような,底辺に比べ,少し具体化されやすいような非言語的レベルがあります。そして,もう少し上の意識化されやすいレベルに,音声(ボーカル)や話すテンポがあります。その上にいくと,イメージや直感という感じ方があり,その

上が気持ちや気分となっていきます。その上に言葉がきて，最も上に思想や論理や理念や考えがあります。

ちなみに，来談者が良くなっていく順は，おおむね，この低いレベルから変化していきます。言わば，生体の個体発生，発達レベルの初期のものから，良くなっていくという原則めいたものがあるようです。

無論，これらはきちんと位層化されずに，事実は言葉で言うデジタルな，明瞭な区別などありません。この区別はあくまでも人工的な区別であり，実態はもっと入り混じっているでしょう。

私はこのように，心の位層を考え，比較的低い部分の話し方や雰囲気や来談者の話を聴いて浮かぶイメージや感じをきわめて大切にします。なぜなら，それはお互いの心の「いのち」の部分に近づけるからです。だから，私が話を聴く場合，言葉から言葉にならない気持ちやその人から伝わるイメージや音声を聴いて，場合によれば，言葉にして返します。たとえば，

「あなたの話を聴いていると，固い岩のようなものがどっしりと心の真ん中にあり，とてもにっちもさっちもいかないような重い物を感じますが，どう思われますか？」といった具合にです。

何故なら，心の低いレベルの位層は，言わば，自己の底辺や命の部分となり，その人の心の底辺や命の部分を聴くことになるからです。この位層は，底辺にいくほど，身体と重複して，言わば「自然」と心の「いのち」に近づくからです。これらの層は，言わば，自然系とも言え，明瞭でなく，漠としたアナログ系で，簡単に割り切れないという意味で「複雑系」であり，身体という「命」に立っているがゆえに「生命」のレベルとも言えます。

私が面接で大切にするのは，心に位層で言う，高い部分の「言葉」ではなく，その言葉を支えている底辺の部分の様相を聴くことにあります。それは，単なる言葉ではなく，言葉に命を与える「何か」だからです。

私は当初，メンタル・イマージャリーという視覚イメージの治療的活用を研究していたので [27)]，その人の語る言葉や気持ちを私に起こる視覚的イメージを通して，たとえば，「あなたの話を聴いていると，どこにも水がない，延々と続く砂漠のようなイメージが浮かんでくるのですけど」とか，来談者にとり，さしさわりの少ないアナログ的な確認をよくします。アナログ的表現が好ましいのは，来談者の受け取り方が広がると言うメリットもあります。

何故なら，言葉というデジタルな表現に比べ，アナログ的特徴を持ったイメージは，多義的な特徴と統合的で生命的な特徴があるからです。来談者にとってもそれが自己自体感をより明確にし，生命化する作用をもっているからです。

　これらのイメージは，来談者の語る言葉より，語り方や音声やその時の雰囲気など来談者の発するメッセージを，身体の力を抜き，じっと感じとっていると面接者に自然に湧いてきます。

　ちなみに，サリバン，H. S. は自分の精神療法の仕事を「バーバル（言葉）セラピストではなく，ボーカル（音声）セラピストである」と言っています[26]。
　私は，サリバンの言う来談者の声の変容のみならず，面接者の声も来談者にとって心地よく，生体として音声が快く響き，時には，面接者がゆったりと話を聞いているので来談者がゆったりとした気分になったり，とても安心したりすることもあります。この時のボーカルは，相互的です。ですから，ボーカルセラピーとは，来談者の言葉からボーカルを聴くだけではないという臨床的事実が，私はあると思います。
　私の場合，陪席に来られた方から，
　「2人のやり取りの言葉よりも，声の感じがとても心地よいです」と，よく言われます。時には，気持ち良く疲れが取れて，居眠りしてしまう人もいます。

　ここで，あえて，心の位層の底辺部分を「無意識」という表現をしないのは，精神分析的なパラダイムをすぐに連想させるとともに，その概念はおおざっぱ過ぎ，それよりも「人の生きる心」として，生命体，つまり自然系に基づくからです。すなわち，こころの命の部分を「聴く」のです。そして，その「いのち」の部分を援助者として，来談者に返すのです。それゆえ，もっと細かく分かるように記述する必要があったからです。

　適当に話したり，とりつくろったり，時には事実でないことを話したり，言葉はいくらでも変えられますが，心の底辺の表情や顔色は変えられなく，それゆえ，とても大きな治療的指標となります。言葉で元気ですと言うより，

話し方や表情が元気そうなら，私はより底辺の指標を頼りにします。

　そして，位層が上になるほど，アナログ系から徐々にデジタル系となり，複雑系から単純系となり，覚知のレベルが上がります。また，「命」のレベルから「人」のレベルと言える層になります。そして，その頂点に思想や論理，考え方などがのっかります。思想や論理で生きようとすると，逆三角形に似た形となり，きわめて不安定な自己自体感となります。対人恐怖症や強迫的障害のある方や理論で人生を生きようとする心の不安定さに多く見られるパターンです。心の安定度から言えば，考え，考えながら，生きているよりも，気持ち良くウトウトとしている方がより安定した，健康的な有り様とも言えます。

　この心の位層は，各自の個性と状態があり，固定的ではありません。その形も単なる綺麗な放物線ではなく，アメーバのように刻々といろいろな形に変容していきます。ですから，あえて，心の位層を単純化した図にしない方が良いと考えました。

　私は来談者の自己自体感を強化して，心のベーシックな部分を生きるサポートを心がけています。来談者の体調が悪かったり，通院する元気がない時「無理して来院しなくていい。気分が向かなかったら，無理しなくていいですよ」と，いつも言います。気分という心の位層の低いレベルに従って行動した方が良いと考えられないところが来談者のゆえんであり，命のレベルに近い部分に合わせて生きていいという面接者側の思いとメッセージをきちんと伝えることが大切だと思います。すなわち来談者の拒否権を重要視して，それを面接で育むことが重要な治療的作業となります。これは思いやりともいえます。

　心を支える身体や体調は，極めて大切です。臨床では，来談者が元気になるほど，ストレッチや筋トレを始めるのは，よくあることです。特に睡眠などは，身体を休めると同時に「心」の整理が睡眠中に行われるので，私は常にそれを確認します。

　以上は，主に，心の底辺レベルからの「いのち」としての心の援助となりますが，その心の底辺レベルが危ない場合，たとえば，根こそぎ不安や被害

感，被害念慮やその妄想が強い統合失調症などの場合，逆の配慮が必要となります。すなわち，命の底辺部分が軟弱になっているので，その軟弱な部分に触れないような援助方法の工夫が必要となります。具体的には，決まりきった面接にするような工夫で，来談者の心の底辺に触れないでおき，その部分が固まるまでそっとして置く方法の工夫が必要となります。時には，面接者が来談者にとって，道端の石ころのような存在でしかないようにする難しい工夫も含まれます。私はそのような方達の面接やその人が入院中の場合は，こちらから会いに行くのですが，面接はできたら同じ時間帯にして，

1．睡眠はどうか？
2．きのうの夕飯は，何をどのくらい食べたか？
3．風呂に入っているか？
4．睡眠中に夢を見るか？

の4つぐらい尋ねて，後は，本人が自発的に語らない場合，それで終わります。時間にして3〜10分ぐらいですが，面接はできるだけ，この形を崩さないという面接場面の構造化を固めるという工夫を私はしています[12, 17]。
　どれほど面接場面構造をタイトにするか，自由にするかという「さじ加減」は，来談者についての面接者の「心の全位層の査定」によるものであり，それは面接過程によっても変化していくものであると言えます。

　「そんな簡単なことで，来談者は変わるのか？」と思われる方は，1年以上，続けてみてください。「何も変わりはありません」という来談者の定型的な返事から，「少し寝不足ぎみです」という，やや命のレベルに近づいた言葉に出会うことも多々あります。来談者のいう，この「少し」という言葉は，わずかに生命系に近づいている言葉であり，私にとれば，大変な変化なのです。このように，来談者の語る「言葉」を生命系に照合して，顕微鏡で見るように何十倍にも拡大し，確認して，より細かく，来談者がより健康的に変化した面を指摘したり，黙って頷き，認めることが，何度繰り返しても足らないほど，重要な治療的作業となります。この健康的部分の一見わずかな変容を言葉にして伝えることは，来談者の自覚と治療関係の質をわずかながら深めます。そして，このわずかの限りない繰り返しが，来談者の治療的

達成につながっていくのです。

　ついでながら，「風呂」とは，自分の肌が外界に直接触れ合い，それが心地よいと感じることは，非常に健康な人達であり，心を閉ざしたり，閉じこもりが強い時や過敏な方達，抑うつ感の激しい人，ないし，そのような時は風呂を好まず，場合によれば，何週間も入らないということも多々あります。
　また，夢の確認ですが，このような重篤な来談者の場合，状態が悪い時は現実が「悪夢」になるので，夢をあまり見ないようです。少し状態が回復して，心の余裕めいた時間が持てる頃から，睡眠中に「夢」を見る様子なので，私は確認しています。
　ちなみに，中井久夫先生は，風邪ひきをその中に入れているようです。
　「このような患者さんが風邪をひくと，しめたと思う」と，言われていました。多分，固まっていた心が少しゆるみ，その隙間に「風邪ひき」が入るのかも知れません。

　これらの配慮は，面接者が来談者の「心の侵入者」にならないように，という言い方をよくしますが，その表現はふさわしくないと思います。この時，面接者が「侵入者」という犯人（治療の有害因子）となる感じがあるからです。まさに，このような類の来談者にあれこれ聞こうとするのは，有害因子です。その事実を充分に知っておくべきです。その上で，私なりの言葉を選ぶなら，来談者の「心のガードマン」とか，「侵入防止セキュリテイ」と言うふうな，来談者にとってのすでに味方になっているという方が，より治療的面接の基盤となっていくように思います。もともと，来談者にとって保護者であると考え，侵入する，しないの前に，侵入させない立場にあるということが基本で，そのメッセージを来談者に言語的ないし非言語レベルで伝わるようにしておくことが重要であると考えます。たとえば，「あなたがあれこれ話したくなったり，聞きたくなるまで，私は定まりきったことしか聞きません」など，前もって来談者に伝えることなどです。

　このような決まりきった質問は，来談者の内面を固め，それを保護して，それを来談者が感じる度合いにより，逆に面接者に心が開かれてくるのは，統合失調症や神経症の方でも，同じ作用だと考えます。ただ，時間的には，相

当なタイムラグの差はあります。

このような発想の原型は，神田橋[12]にあり，それを少し私なりにアレンジしたものです。

そして，もう一つ大切な要件は，心の各位層の全体を包みこむような大きな輪が，私の面接ではあります。それは，その人の各位層を包む，自分の「願い」であります。この願いは，暗い海で方向を見失っている船が灯台の灯りを見つけ，自分の方向が定まるとでも言える体験です。私の来談者の語る言葉やボーカルを聴き，その気持ちやその気持ちの奥の方にある来談者の「願い」，それぞれを聴き，それぞれの関係を類推しながら，来談者をより全体的に理解しようとしています。

これは後述する願いのワークなどを，まず自分が何度も繰り返して行ない，より深い願いに気づき，それに近づこうとするほど明確になってくるものです。言わば，各位層を「私の願い」という自覚にまとまって，統一されてくる作業となってきます。私自身も後述する願いのワークができるまで，数えきれないほど体験してきました。原則的に自分にこなせないワークは，来談者にしてはならないと思います。

（2）「生き物」としての面接と各位層

面接とは「生き物」であることは，前にも述べました。それは刻々と来談者と面接者の心が接する様相が変化する事実にもよります。

通常，とくに面接初期などでは，来談者と面接者の心の各位層は，少し，ないし随分離れています。そして徐々に面接者が来談者の心をくみ取り，話を聴き進めていくうちに，心の底辺の非言語的な雰囲気や話し方が少し重なり合っていきます。いうなれば，非言語的レベルの共有や共にいる雰囲気とも言えます。それは，お互いに何となく話しやすい，ないし，一緒に居やすい，互いに言葉になりやすい状態になります。通称これを，ラポールがついた，援助的関係ができたなどと表現する現象です。俗に言う，気が合う，相性が良くなったという状態です。

ここで大切なのは，言葉というレベルが重なり合うのではなく，言葉にならない雰囲気や気分などが重なり合うという事実です。そして，時にはその重なり合いが深まり，いわゆる「言わなくても分かる」「あうんの呼吸」「居

るだけで分かる」という主客が混在する状態になる時さえあります。それは，シンプルに言うと，来談者のことを面接者が深いレベルで分かり，来談者にとって，面接者が分かってくれた，くれているという言語的に，また非言語的レベルで感じられる，分かるという重なり合いです。時には，来談者は

「先生は，私が知っている自分より以上に，自分のことを正確に分かってくれているようです」と述べる時もあります。

この言葉にならない重なり合いは面接者の一挙手一投足により変化する時もあれば，大半は関係の質を規定する面接者の正確な理解と時間が基本的に関係するようです。また，近づいた関係の中でも，その距離の様相は一刻一刻変化する，まさに「生き物」なのです。面接者は，その「生き物」にスムーズに寄り添っていくことが必要です。

4　素直さを失うことと自己自体感の回復

（1）ありのままの自分を受け入れる簡単な練習方法（ワーク）

もし私が心理臨床，とくに心理，精神療法に必要な要件を上げよと言われたら，即座に素直さをあげるでしょう。

かつて私は，自己学としての精神療法，という論文で，精神療法では，広い意味で，治療者が天性持っている自分を素直に生き，素直に来談者と接する作業は，結局は来談者が素直な自分に戻りやすいという素直さの相互作用が発生する事実を示しました[7]。念のために示しますが，私のいう基本的な素直さとは完全に自己・他者・社会と調和的でありたいという誰もが基本的に心の深い所で感じている「願い」に裏づけられていることを示さねばなりません。

長年のスーパーバイズの経験から，つくづく思わされるのですが，天性，誰でも持っていると思われる素直さを活かせずに，わざわざお仕着せの理論で自暴自縛になり，なんと窮屈な面接をしているのだろうか，と思い，伝えることは頻繁にあります。バイジーはその都度，重い荷物をおろしたような身の軽さを感じている様子です。

この素直さは，以下のような内的作業（ワーク）をすると，素直になりやすくなれます。

まず少し落ち着いて，3〜5分程度，自分自身にどんな気持ちなのかを尋ねると，

「こんなふうに思っている」

「こんなふうに思っている自分がいる」

「こんなことが気になっている」

「こんなことが気になっている自分がいる」

という×××のように思っている「自分」がいるという確認が大切です。出てきた気持ちを一つひとつ，そんなふうに思っている自分がいるというふうに，確認，点検していきます。そうすると，「自分」の思いや気持ちや気がかりがはっきりしてきます。専門用語にすると，この作業は「自己自体感」の明確化とか，強化と言っています。それがその時点のありのままに近い自分なのです。その時，その気持ちに対して，ああのこうの原因を考えたり，良し悪しなどの評価を入れてはいけません。細かくは，参考文献 [10, 24] を読んでください。出てきた気持ちをありのままに一つひとつを点検して自己確認することが重要です。自分にとって都合が悪かったり，認めたくない，目を向けたくない気持ちが出てきて自己確認が嫌な場合は「そのように嫌がっている自分もいる」というふうに確認していくのです。

この作業は丁寧な自己点検とも言えるものです。これを長年かけてこつこつと行うことによって，いろいろな自分を評価せずに，一つ，一つ，丁寧にあるがまま，受け入れていくことによって，安心してより自分に素直になりやすくなります。

いろいろな側面を持った自分自身が「居る」という，素直で率直な自分自身の再点検 [10, 24] から始めた方が，ありのままの自分に近づく自覚が生まれやすいでしょう。私の場合，ありのままの自分とは，抽象的な概念でなく，具体的ないろいろな自分の側面を細やかに点検できるような方法論を伴っています。それは，こんな自分もあり，こんな気持ちもあり，こんな感じもあるというような感覚的な，直感も必要とするワークです。来談者の気持ちをうまく取り扱えない人達には，とても有効で必要なワークです。

人は，いろいろな面を持ち，自分自身にある本当に観るに耐えないような側面から，意外と自分で思っているよりまっとうな自分もおり，それらすべて含めて自分自身なのです。学問的にいうと，来談者にとっては，その自分自身の「自己自体感」の自覚と回復が面接の目的となるのです。

第Ⅵ章　私の治療的面接の原則論　99

　我々の仕事は，心ひとつを持っていくと，できる仕事であるし，素直さひとつ洗練すれば，きちんとした満足度をあらゆる来談者に残せる仕事であると，最近，よく考えるようになりました。

（2）素直さを支える大きな願いとそのワーク
　ある人，ないし多くの人は，素直な自分に戻り，面接するのは危ないと思っています。
　しかし，自分を揺り動かす素直な自分のもう少し深く，もっと自分のその素直さを動かせているところに，貴方の深くて大きな，願い，があります。そして，それは自分自身も他人や社会を含めて何の摩擦もなく，互いに解り合いたいという，完全な自分と他人ないしは社会との調和を微妙に求めて止まない，ある種の極めてまっとうな願いがあり，その自覚により素直になる自分に通じていきます。私に治療論があるとすれば，フロイトのような，「イド」の抑圧ではなく，個体のもつ自然への調和的な欲求の抑圧とでもいえます。
　それはまた，自分を含めて誰も傷つかず極めて平和に生きたいという実存的とも言える「願い」でもあります。通常，この深い願いは，怒りなどの情動の抑圧の下にあるのです。それは，実存的抑圧とでも言えるものによって，本来的に極めて人間的な願いが気づきにくくなっているのです。その類いの，「願い」に裏づけされた素直さについて自覚を深めるワーク[5]をずいぶん前に考えてよく研修会などでやってみると，このような抽象的な説明より解りやすいと思います。

　その願いの自覚を深めるワークの一つを簡単に紹介します。

　1）まず，自分の欠点やこれさえなければ良いのにと思うこと，大きな気がかりを思いついた順番に，紙の左側に，縦に書いて行きます。
　　（それは，通常4〜7個ぐらいあります）
　2）次に，それらの横に，事務的に「能力」という文字を付け加えていきます。
　　（ここまでは，比較的に簡単にできます。次からが本格的なワークになります）

3）それぞれ能力と名付けられた能力は，一体，私のどんな願いから来ているのか，思いめぐらせます。

（たとえば，簡単な例として，私の場合，私生活ではせっかちで短気という欠点があります。それに能力をつけると，せっかちで短気能力になります。そして，その能力はどういう願いからきているか，深く思いをめぐらせると，与えられた仕事はきちんとやりたいという願いに行きあたります。その場合，私がせっかちで短気な人間だと思うよりも，与えられた仕事をきちんとしたい人間だと思う方がより深くて素直なのです）

4）そこで，出てきた願いが，どのような願いから出てきているのかについて思いめぐらせます。

（私の場合，与えられた仕事をきちんとしたいという願いの奥に，仕事をきちんとやるというよりも，もっと仕事を丁寧にして，できるだけ多くの人に正確に自分の言っていることを解ってもらい，そのことで，他人も喜び，自分も喜びたいという大きな願いがまた，発見されます）

このように，一つひとつ問題としてあげたことについての願いを思いめぐらせるのです。

ただし，このような大きな問題は，数回のワークではっきりするものでもありません。長い間をかけて，やり続けることをお勧めします。

私はこの深い願いに裏づけされた素直さの持つ基本的な治療的な効用に気づき，ある程度それを形にするまで長年かかりました。そしてまた，このようなワークをすぐに来談者に臨床適用しようとするのではなく，とりあえず，自分で何回もやってみて，その方法の特徴をつかみ，来談者への適用となります。来談者は自己の深い願いに気づくことで随分自覚が深まりますが，自分でこなせないものは，来談者に行ってはなりません。

ところで，よくバイジーを観ると天性その種の素直さの大事さを暗々裏に気づいている方も多いのです。だから，金銭が目当てで，後はなんとか誤魔化していくような心理臨床家にも，必ずどこかである種の不全感と，この願いや素直さについての疼きがあるはずです。人は誰でも，心の奥底に，自分

だけでなく人のことを含めたまっとうな願いがあるはずです。もしも少しでも自分に素直でいたいなら，その心に添った面接を少しだけでもいいからトライして，ゆっくり経過を観てみればいいと思います。

　もしも質の低下した心理臨床家により，来談者の苦感が低下したなら，その面接者の方の疼きが治療的に働いたのではないかと振り返って，自己観察すれば素晴らしい結果が待っているかもしれません。

　ちなみに私は，来談者の話を聴く場合，その言葉ではない気持ちや心と，来談者のこのような極めてまっとうな「願い」も並列的に聴いています。また必要がある場合，それをわかりやすく来談者の方に話すこともあります。その結果の大半は，伝えてよかったという実感が残ります。

5　対応論

　今までかなり厳しい問題提起や指摘を行なってきましたが，以後はいろいろな問題の「罠」に陥らないためのいくつかの対処について述べたいと思います。無論，このような対処方法が私自身が行なってきたものでもあり，身につけるととても心理臨床能力に有益なものになると思います。これは，単なる理論的な方法ではなく，私自身が行なってきたものばかりです。そのような事実の積み重ねがこのような理論を形成しています。この章は臨床経験が少ない公認心理師の方へのメッセージも込められています。

（1）自己自体感の必要性──心の断捨離

　繰り返して述べますが，私のいう心理臨床の資格を決める要因は極めて簡単です。それは，目の前にある来談者が感じる面接への満足度です。それ以外の高尚な理論や厳密な方法論などでは決してありません。それらが来談者の満足度に関与して，いくらのもの，なのです。

　私はこの原点にいつも立ち帰りながら，臨床についての「私なりの生きた」方法論と治療論を長年，求め続けてきました。そして，患者さんに会うごとに，いつも，いつも，その都度その都度，この原点に戻って，0から，振り出しに戻るのです。そのように心がけて心理臨床の仕事に携わってきました。端的に言うと，自分の中から「自分以外」の不要なものを取り除き，より本来的な「自分」に戻るか，発見するかという作業であったような気がします。

それは，あえて言葉にするなら，何かを「獲得」するより不要なものを捨てる作業です。自分という心の中で断捨離をして，不要なものを捨てていくのです。私自身になりきり，他の観念は捨てるか，カッコにくくり置いておくとも言えます。それを本論では「心ひとつ」と述べています。面接者の心は来談者の気持ちに応じて，自在に常に動きますが，重心となる「私」という軸はぶれません。

この「私」とはデカルトのいう「我」とかフッサールの現象学的な「自己」と深くかかわっているようですが，ここでは省略し，別論としてまとめたいと思います。そのような私を専門用語では「自己自体感の確立」とか言います。それは，いろいろな面を持つ自分を，まずは「淡々と，確認して認める」ということと，その体験に開かれて，より率直になるということです。その率直さは来談者が率直になれる可能性を拡げます。体裁を作ったり，とってつけたような治療者ぶった対応は「偽りの自己」とも言えます。

面接場面で自分に素直になることは，簡単なようですが，意外と難しいので，とりあえず，やってみてください。とても複雑な心境や言いづらいことは「とても複雑なので……」とか，「どう言葉にしていいかよくわかりませんが……」，「……とかいう漠とした感じがしますが」などと言う「前置き」をする練習から始めます。この前置きの重要さは，例が悪いのですが，便秘の場合，最初のそれが出ると，割合続けて出やすくなるような感じに似ています。

そして，自己自体感とは，自分の伝えたいことが伝えられれば，そうなるほど，自分の言葉にならない言葉を感知することができ，より確固としたものになります。面接者自身が自分の声を聴く耳をもつほど，来談者の心の声が言葉となり，より面接が深まっていきます。

このようなワークが面接の基礎となるので，私は常にいろいろな所で，その場の雰囲気から言葉にならない言葉を聴きながら，その声に合致するいろいろなバージョンのワークを入れ，ワークショップをしてきました。それゆえ，それらは，その時の一度っきりのライブでもあり，常にその場の流れや雰囲気に添って出てきたもので即興的なワークしか今でもしておりません。私はそれが治療的面接の基本と考えるからです。

（2）「にもかかわらず」「しかしながら」というフレーズの大切さ

来談者中心と述べていますが，そこにおいては，面接者が0で，来談者が100という意味では決してありません。専門的に言うと，来談者中心療法の偏った理解は，来談者の発言や言葉のみにとらわれるという，とても窮屈な治療関係を生み出します。治療的面接，ないし援助的面接とは，人と人との関係における面接であり，治療面接者が100，来談者も100という人間対人間の素朴な姿を意味しています。ですから，来談者の声や言葉に対して，面接に聞こえる声や言葉が異なる場合，

「あなたは，……と思っているようです。しかしながら，私は……のような思いがするのですが」という，世界観のすり合わせのような作業がとても大切になってきます。ここでは面接者と来談者は人間的に対等な訳です。このすり合わせにより，ある世界観が面接者と来談者により共有されることになり，この細かい積み重ねが来談者の自己治癒力を育成する土台となる質の良い治療関係が生まれるのです。この質の良い関係とは，それ自身治癒力のあるきわめて大切な治療的要因です。

自己自体感の回復とは，面接の場における面接者の自己感覚の回復から来談者の自己感覚の回復と相互的であり，ある面接において，面接者が自己自体感の回復に心がけないと，来談者のそれはなかなか発展せず，結局，面接の不全感を残す要因となります。自らも生き，相手も生きるという作業が達成されるためには，「しかしながら」「にもかかわらず」というフレーズが出てくるのが自然であり，面接者が健全な自己感覚を持っているという証でもあります。

無論，来談者の声から，いろいろな言葉が面接者に浮かび，そのうちのどれを伝えるかという内省作業はきわめて重要で，それには今まで培ってきた治療的関係の質や来談者の自己の強さや来談者の立場に立つセンスや経験が必要です。繰り返しますが，何をどのように伝えるかということは，よく吟味する癖をつけるほど，臨床センスも高まります。通常，伝え方は3～5通りぐらいあるはずです。

治療的面接で必要な要件は，結局，そのような「生きた人間としての心ひとつ」なのです。

そして，それは，洗練された素人の方がよく行う類いの面接です。そこでは，あまり確固とした理論や体験もないので，「心ひとつ」でしか対応できな

いからです。そして，その態度なり対応に触発されて，来談者の心ひとつが自覚されやすい状況や雰囲気をかもし出します。例えば，

「あなたの話を聞いていると，私は胸の辺りが痛くなってくるのですが……」

というような素直な心の表現です。それはある意味では，心ひとつ，で行える作業であると言えます。一人の人間として来談者に向き合い，一人の人間として私の気持ちを素直に伝えるという作業は，心理臨床実践上，基礎の基礎と言える程，極めて大切な要件です。

初心者はこの原点に戻りやすいゆえに，ないしはそれしかないがゆえに，そのような面接が可能な事態に恵まれていると言えます。絶対的な傾聴などの理屈で固めて，自暴呪縛（私の造語）に陥るよりも，面接者が一人の人間として面接事態を生き，一人の人間として面接事態で解放される作業は，来談者にとってもパラレルであり，来談者の求める素晴らしい面接かもしれません。仮に疑わしいなら，

「私は初心者ですから，このような面接しかできませんが，どのようなお気持ちですか？」

と素直に来談者の方に聞けば判ることでしょう。理屈で固めた面接より，きっと質の良い面接ができると思います。やってみたら，分かると思います。

心ひとつの面接になるためには，いろいろな理論や方法を獲得するよりも，一時の間それらすべてを捨てるか，棚上げして[3, 24]，その時の生身の自分にもどる能力が必要となるでしょう。

（3）「すみません，私は初心者ですので」という前置きの勧め

受験資格を下げて，受験条件を広げ，試験さえ通れば，誰でもなれる公認心理師となるのは，おそらく，質の低下した心理臨床家の再生産を加速させる懸念は残ります。しかし，その半面，余り経験がないがゆえにできる大事な面接もあります。

その面接は，解らないところは来談者に素直に教わるという姿勢ができやすいからです。ちなみに私は，面接中に，カルテ記入はまったくしません。そうすると，来談者への共感の気持ちから外れていくからです。仮にカルテ記入が必要な場合，印象に残っているフレーズや，面接者のイメージについて，面接終了後30秒ほどで書きます。例えば，「かなり元気」とか，「状態

相不変」などです。しかし，一番大切なカルテは来談者の心の中にあるので，必要がある場合，来談者に，

「すみませんが，あの話はどうなっているのか教えてくださいませんか？」

という態度で長年仕事を続けてきました。しかし，その態度で，何ら，面接の支障にはまったくなりませんでした。

「すみません，私は初心者ですので×××の話はまだ，充分解らないので，教えてくださいませんか？」

というフレーズと

「×××の点について私は×××と思いますが，いかがですか？」

「あなたは，その点について，×××のようなお気持ちなのですよね」

というフレーズをその時々に応じて，きちんと使えるなら，その面接は素晴らしい面接となると思います。

来談者の述べる「言葉」ではなく，その「心」を聴く心がけが肝要です。

（4）来談者の知る権利や拒否権を大切にしよう──来談者の独立宣言としての拒否能力

「私は初心者ですので，他の人と代わることもできますよ」というセリフを言うと，来談者の不安が高まらないか？ とか，信頼関係を築けないのではないか？ という懸念を持つ方もいるでしょう。

しかし，その来談者の不安は不安ではなく，事実に添う，事実に基づいた，現実そのとおりなのです。来談者の不安ではなくて，ごく事実に近いのです。また，我々の仕事は，来談者が言葉にするにせよ，内心の自覚にせよ，

「面接者は余りアテにならず，結局は自分で考えて自分の考えで動くしかないのか？」という自覚でさえある，といっていい部分が大きいのです。実際，このように，面接者に諦めたり，見切りをつけることである自覚や洞察に至り，面接を自然に終了させる来談者も少なからずいるからです。この場合，面接者はその実態を，余程経験がない限り気づかないでしょう。

面接者が全く当てにならないという感想は，立派な気づきであり，大切な洞察とも言えます。また，来談者がベテランが良いと思うなら，そちらの方に紹介してあげれば良いのです。

信頼関係とは，いかに面接者なり相手が信頼できないかを話し合えること

が最高の信頼関係でもあると，私は思います。

　来談者が面接者を試すということを否定的に考える人も多いのですが，私には来談者が面接者を試すのは当たり前のことであり，極めて健康的で，当然の権利のような要件と思います。来談者は面接者を試す権利があり，面接者は素直にその試しに参考になる情報や個人的体験などの資料を早く提示することは大切な作業です。それは，臨床能力の問題だけでなく，相性や人間性などが大きく関わるからであります。

　来談者は面接者を決める権利があり，この権利や他人への拒否能力の育成こそ，面接の目的でさえあろうか[3]と思います。その権利の来談者の自覚は，来談者の独立宣言のひとつでもあり，自立の基礎を作り，自分らしさの自覚や自分を受け入れる要件なのです。そういうことは来談者からは言いにくいので，私は，

　「別の面接者が良ければ，いつでもいってください。そういう注文ができるということは元気になっている証拠ですから，私は喜んで紹介します」

　というフレーズを適時，来談者に伝えています。

　また，まだ多くの根拠のない教えの中に，来談者の個人的な質問に答えてはいけないという一般的に多くの所で，とんでもない教えもありますが，来談者は

　「結婚していないと自分の問題は分かりにくいだろう……」

　と考えて，面接者が結婚しているかどうかを聴くのは，当然の来談者の知る権利なのです。

　そんな時，来談者に対して，

　「そんなふうな個人的な質問には答えてはいけないという我々の仕事のルールがあります」

　それでは，まったく話にならないのです。無論，面接者の電話番号やメールアドレスなどは，私は，自殺に関する特別な場合[5, 16]を除いては教えもしないし，聞かれもしません。

　私の好きな言葉に，エリクソン，E. H. の「自分のことを語らない医師を，私はどう信用していいのか解らない」といった感慨めいたごく普通の意見もあります。私も同感です。付加するなら，自分の人生を語らない治療者を，

第VI章　私の治療的面接の原則論　107

私は信じられません。私達は，このような，ごく普通の考えに戻る必要があると痛感しています。

面接行為は特別な非日常的なものではなく，それ自体はごく日常的な作業です。またそのように考える方が臨床上有益な考えが出やすいので，その必要がある[5]のです。だから，絶対的な傾聴など，初心者にとっては，かなり自暴呪縛に陥りやすい理論は，できるだけの傾聴と言ったほうが，より実践的でしょう。そして，その延長線上に，面接での来談者と私の心を素直に話して，「面接の場の私を生きる」といった元来の面接の姿に戻れる理論や方法を自分なりに考えることは，非常に重要な課題なのです。

また，このような姿勢は，本当は分からないことだらけであるのに，分かったような顔をして，そのツケを支払えないまで膨らまし，不渡り小切手を切り続けているような面接よりも，人間的にも誠実です。解らないところは来談者に聴き，教えて貰う姿勢は，よほど来談者のための面接に近づくでしょう。また，来談者との好ましい関係を紡ぐと私の長年の経験が教えてくれます。

私は，面接直前でのドタチャンを場合によれば，勧めたりもします。予約した面接には来談する方が好ましいという「正解」があるとします。しかし，それは事実においては臨床的な正解ではありません。来談者は次の予約を忘れるか，知っていても，ドタキャンする場合があります。

少し頭を冷やして考えると，寒い時，わざわざ病院まで行って，うっとうしい話をするより，自宅で寝そびれながらテレビでも見ていた方がいいと考えるのは，とても健康的な考えではないでしょうか。

ドタキャンした次の時，来談者は申し訳ない顔で謝りますが，私はドタキャンできる能力が出てきたかもしないと伝える時があります。自己自体感の心の位層から考えると，予約したから行かねばならないというのは，論理，理念，考えという最も上の次元での行動で，何となく気持ちが乗らないというような気分という下の次元に従って行動できるということは，より健康的と考え，来談者にもその説明とともに伝えています。

そのことによって，嫌なことを無理して付き合わず断る能力が出て，症状が随分軽減した方も多くいます。ちなみに，夏休みということで面接を，約1カ月間をおくと，たいていの来談者は驚くほど，表情が生き生きとしてい

るのです。

　理想的な面接の感覚は，来たい時に来て，来たくない時には来ないという形態が望ましいのですが，私の場合，非常勤ですし，予約が2カ月先まで埋まっているので，来談者が来たい時には会えないという現実的なことがあり，一応予約して，自由にキャンセルできるという形をとっています。

　また，合理主義的な考えでは，面接では心を開き，なんでも話すことが何となく良いことと思われています。しかし，その勧めに応じて今までに余り他人に話さなかったことをどっと話して，その後で症状がひどく悪化した方も多くいます。

　今までに余り他人に話さなかったことで保っていた心の防備システムが，どっと話すことで，そのシステムが壊れて，中からどんどん嫌なことが漏れだして来て，被害妄想的な気分まで出現して，面接者は大わらわになるのです（だから，面接ではなにもかも素直に話すことは○×式では×となるときがあります）。

　そのような時，試験的に面接を中断する方がいいと思います。心の隠し場所とその方法を身につけるまで来談者は苦しまなければならないのです。

　だから私は，症状の説明ばかりする来談者には，試験的に来談休みを入れて来談期間を長くして，様子を観ることを試してみようと提案する場合もあります。

　ある重症な来談者は，症状の細かい説明だけで面接は終わり，数年して，「自分は病院に行かない時の方が病気のことを触れないので，その方がいい」と思いつき，試しに，1カ月に1度にした方が状態も良く，結局自分の安定を守るのは病院に行かないことを知り，通院することをやめて外に働きに出られるぐらいまで回復しました。結局，病院という所は来なくて良いために来ている所であり，来なくて済むならそれにこしたことはないのです。

　ここであれこれ述べたのは，心理臨床の仕事は，個々別々で，個別的であるのが特徴で，個々別々な正解が無数にあり，それは決して一元的で合理主義的な判別方法では，到底測りかねないのがその特徴である事実を示したかったのです。

（5）レジメを作らないでおこう

　面接にはあらかじめ想定されたストーリーはありません。良くも悪くも出たとこ勝負であり，予定など立ちません。言ってみるなら，治療者の今，ここに生きる心の素直な伝達が重要な作業であり，それ一つで治療的面接が可能です。あるいは，それ一つだけ，と表現した方が良いと思います。

　だから私は，今，ここを生きる力を養うために，昔から，研修会や講演などで，いわゆるレジメを作らず，出たところの私の気持ちに添いながら，言葉にならない聞き手の雰囲気を感じて，その感じに添いながら話すようにしてきました。無論，さまざまな失敗を何度もしました。例えば，最初の頃，思ったとおりに話している途中で，何を話していいか分からなくなり，心に浮ぶ上辺だけで話をしたこともありました。率直に話すと，その時は

　「ちょっと，待ってください。私は今，何を話していいか，分からないので，しばらく時間をください」と伝えるのが，よほど，ありのままの自分を伝えることになります。

　私にとって，そういう場は今，ここの心を感じ，伝える訓練の場でもありました。

　無論，講義するときもそうです。もちろん，テキストなどありません。学生には講義の狙いとして，「今，ここの自分の感じや考えを大切にすること」をあらかじめ分かりやすく伝えています。また大学に出す講義目的や方法なども，学生の生きた自分の心を知ることなど，ありのままに出します。講義の後の感想文では，

　「聴くだけのつもりが，いつの間にか，増井ワールドに引き込まれ，知らない内に自分と対話していた」

　「先生の声を聴いていたら，何となく気持ち良くなって，少し力が抜けて眠くなった」

　など，ありました。

　しかし，そのような練習は，自らの発想ではありません。

　神田橋先生のスーパーバイズになりますが，ある時，ケースの相談をしようと思い，いつも何の根拠もなく皆が慣例的にしている逐語的な資料を努力して作りあげて，先生に渡しました。ところが，先生がそのレジメを怒ったようにじっと見て，ポンとゴミ箱に投げ捨てて，

　「いいですか。このようなレジメは生きた木の枯葉を集めたようなもので，

何の生きたケース報告やアドバイスの種にはなりません。強いて言うなら，やや本当のケースに近いのは，今，ここのあなたの心にうずいている，そのケースの断片的イメージなどがややそれに近いので，それを話すように」

というコメントでした。それはコメントというより，私にとり，そのアドバイスで別の世界がたちまち広がったと言えます。それ以後，私はレジメを作ることは極力しませんでした。その心がけで得るところは書き尽くせません。レジメを作るとは，例えば，自由連想をあらかじめ紙に書いておくという，基本的な誤りを犯しているのかもしれません。

また，大学院のケース検討会で，白紙に近いメモ書きと書いた紙を渡し，記憶の断片に近いところからケース報告をしました。さすがに前田重治先生はその意味を十分に解られたのでしょう，

「これは良い。何故ならこの白紙の部分に増井君の考えと自分の考えが巧く投影できるから，これからこのような報告もひとつのモデルにしよう」

という意見でした。

ケース検討をピカジップ（PCAGIP）方式で行うという事実は村山正治先生の書物[19]から知りました。私はその方法を臨床的に利用できるように変えて時々利用しています。その特徴は，まず，書記する人を入れないし，作らないことです。そして，一人一質問に限ることです。この制約の中で，人は色々質問する思考がへり，直観力が作動しやすくなります。

ピカジップはグループの力を借りて行いますが，この私のレジメなしの方法は，どちらかといえば，自分のその時の心以外に頼るものはなく，その一人っきりに頼るしかないので，ケース検討や報告には取り入れ難いかもしれません。しかし，レジメは作らない方が「今，ここの自分」生きる力を確かに強くしてくれます。

また，そのレジメを作らない意義について，充分な理解が行き届く教員も，今は少ないかもしれません。しかし，このレジメを作らない習慣は，面接事態において，頼れるのは，今，ここの自分の心であるような事実に対して，とても力強く，素直に対面できる基礎力を養うことは間違いなさそうです。

今もなお，公開スーパーバイズや個人のバイズでも，私はバイザーにレジメを作らないで行うことを条件にしています。あるバイザーは，

「自分の気持ちに集中しやすく，先生の声がちょうど，気持ち良い距離感で聞こえてきて，自分の中で安心して対話しているようで，不思議な感覚だっ

た。こんな感じに来談者として扱ってもらったらいいなと，体感できた感じがする」と，公開スーパーバイズを受けた時の感想を言っていました。

（6）陪席の勧めと自分なりの方法論の構築──技法と自分の関係

　ここで言う陪席とは，経験の積んだ人の面接を陪席することだけに限っていません。むしろ，来談者や面接者が直感的に抵抗がある場合は避けた方が良いと思います。ここでいう陪席とは，たとえば，気の合う仲間の面接を陪席したり，されたりすることも意味しています。面接後に素直な感想を交わしてみると，意外と自分が意識してないところが指摘されて，いろいろな自覚が生まれやすいのです。私の場合はそうでした。この仕事をスタートした大学院の頃，私の面接を陪席したいと言われて始めたのですが，その後，とてもシンプルに，自分の面接を人がどう感じ，考えるのかを知りたくてそれを続けましたが，いろいろ気づきがありました。

　私談ですが，元九州大学の田嶌誠一先生は，ある治療者とその方が提案するある技法との関係を，自己促進的と自己補完的にわけているようです。
　自己促進的というのは，元来自己に備わっている来談者への援助能力であり，それに基づいた方法です。しかし，この傾向はもともと自分に備わっている傾向ゆえに，なかなか自覚しにくいのです。
　多くの人は，自分の欠点ははっきり述べますが，元来備わっている自分の長所についての自覚がとても困難な様子で，事実，そのようです。私自身も友人や他人から，長所を「100回以上言った」と言われても，社交辞令ぐらいしか受けとれず，その自覚に時間がかかりました。しかし，その長所をウッスラとでも自覚することは，自分の面接を位置づけたり，自分の面接の特徴を言語化したり，論文を書く時に文字にできたり，とでも有用な自覚となります。
　たとえば，その方の持つ特有の雰囲気などは，なかなか自覚できません。しかし，その来談者の方はその方の雰囲気に時には安心しながら対応しているのです。雰囲気とは，極めて非言語的な治療的要因が詰まった事象と，私は考えます。「治療的自我」という専門用語がありますが，多分にこの雰囲気のことを示していると思います。基本的には「人柄療法」のような面接で，来談者への援助がうまくいっている方などは，その点を，何度も何度も指摘

されて，やっとそういう傾向を自覚して大事にしようという態度になります。その自覚をする方がその傾向を伸ばしたり，場合によってへこめたりできて，より自分らしさが出てきてとても好ましいと思います。

ここでいう陪席とはこのような自由に面接での特徴を話し合いできる人との陪席です。私自身もこのような作業で，やっと，少しずつ時間をかけながら，自分の特徴を自覚できるきっかけになりました。

また，自己補完的方法というのは，元来自分に備わっていない傾向を，ある方法で補完しようとするもので，田嶌先生はもともと，

「自分は深い気持ちを扱うのが苦手だから，自分の提案する，壺イメージ療法[9]がそれに当たる」と言っていました。

私の場合，とても本質病的なところがあり，体裁や形式が苦手なので，以前述べた自閉療法のような方法や心理的な「間」を作る方法[24]がそれに当たると思います。

私の場合，陪席に際して非常に気をつけていることがあります。まず，来談者の了解を得ることと，その陪席によって，気を取られずに来談者が安心して面接を受けられているかどうか，ということです。もし，陪席を気にするようなら，場の雰囲気ですぐ分かるので，すぐに退席してもらっています。来談者によっても，また陪席者によっても，その雰囲気は微妙に変わるからです。

しかし，私の面接は，すべて陪席 OK か，時にはそれが義務づけられています。陪席 OK とは臨床現場にもろに立ち会う訳で，とても教育的です。そして，それに慣れれば，来談者も「そんなもの」と知り，それが普通となって違和感がなくなります。私の場合，医学部の学生の実習であるポリクリが義務づけられていて，常に陪席を前提とした面接でした。長年そうしていると陪席が当たり前のようになり，来談者もそうなる様子です。

（7）直感の正当性──良きスーパーバイザーに出会おう

先に述べた陪席とは，来談者やロールプレイの相手と自由に話し合いできるという条件があります。だから，直感的にこの人ならという判断を大事にすることを，私は薦めます。直感的に，少しためらいがあったり，嫌な場合はしないほうが良いと思います。とくにスーパーバイザー選びなどは自分の直感に従うことを薦めます。先に述べたように，

「我々は，独断と偏見の中で生きている。ないしは，それによって我々が我々たらしめている」という発想は，自己自体感を考える上で，とても大切と思います。だから，私は，直感は本能的でありながら，とても大事な人間的情報が詰まっていると思います。そして，自分の直感を大事にすることは臨床的にも大切です。なぜなら，来談者の方をはじめ，面接事態では，まずは直感と直感が非言語レベルで行き合い，予感と予感が行き合うという事実が在るからです。

私が，神田橋先生をスーパーバイザーに選んだのは，ある学会で先生の報告を聞いた時，

「この人しかいない」

「この人からなら，必ず何かを得られる」

という大きな直感以外の何者でもなかったからです。

私にとり，スーパーバイズとは，何だったのかは[8]，もっと細かく，別書で示す予定です。

神田橋先生とのバイズは終了して何十年も経つのに，まだ私の中に生きていて，私が困った時やひるむ時，背中を支えて「この道はどうかね」と常に問いかけてくれているのです。

先生により，私の奇形[8]だった骨格に背筋が入り，きちんと前を向けるようになったのです。

そして，私の生き方まで，神田橋先生の生き方までもを取り入れているようです。そこでは，その生き方が取り入れなのか，私自身なのか，ふと，分からなくなることさえ，頻繁にあります。私は，客観的な神田橋先生自体よりも，私の中に生きている神田橋先生のイメージが大事なのです。

私は船旅好きで，南極周りの世界一周の旅に出た時，ある英語のできるジプシーのエリートに出会いました。私は，

「何故，あなた達は，じっとせず，動き回っているのですか？」

という実に素朴な質問をしたところ，

「同じ所にいると，人間が腐ってしまうからだよ」

とのことでした。そして，彼は自分の瞼の父を教えてくれました。ジプシーのような雑多な集団では，多くの人は，父親が分からず，母は物心がついた頃，

「あなたは誰にも言わないで一人で，自分の父さんと思う星を一つ決めなさい。それがあなたの父さんです」

と言われたのです。それ以来，彼は昼間でも目を閉じたら，その星が見えて，その星と語らうらしいのです。私はその話を聴いた時，感動で涙が出そうになりました。いない方が良い親が多すぎる現代，なんという素晴らしい親子関係なのだろうか……と，しみじみと思いました。

その話をするときの彼の瞳は，深く輝いておりました。

（8）ケースにおける自分の事実を記載しよう

かつて私は『心理臨床学研究』という学会誌の編集委員を勤め，他学会誌の査読依頼を兼ねて，多い時には他の学会からの査読を含めて年間10編内外の論文審査に携わってきました。そこでつくづく思ったのは，来談者の発言のみをつらつら書き述べて，治療者のその時の思いや考えがまったく述べられていないのです。

このような論文やケース報告ほど，私にとり，つまらないものはないのです。何故なら，そこには治療者自体という「軸」が無いからです。

そこのところを投稿者に感想文で問い合わせると，

「来談者の発言は客観的なものですが，治療者自体の思いや考えは主観的な物で省きました」

という，似たような返答でした。

しかし，治療的な面接自体は，目の前の来談者の語るところも来談者の主観であり，それを受け取り，感じ，考えるのも治療者の主観であり，ケースとは，その主観と主観の間でのやり取りにより形成されているでしょう。我々の研究は，言わば，「その主観の相互関係における科学」とも言えます。そして，その事実を示さないと全体的なケース論文にはならないのです。

このような形で修正されて，論文誌に掲載されなかったものはなかったようです。基本的には，どのような切り口でケースを論文にしていくかは，ケース論文の質であると思いますので，ここでは省きます。

（9）上を向いて歩こう

私は今まで，いろんな大学や大学院を見て，いろんな臨床現場で働き，多くのバイジーからの苦しみを聴き，いろんな優れた先生方や臨床能力が乏し

い大学教員などを見てきました。

　その結果として私の実感は，下をみれば限りなく下の地獄があり，それを見ていると，どんどん下の方に吸い込まれて行くのです。そして，上を観ると限りなく上の世界があり，上を向くのも下を向くのも自由だから，結局，私は上を向いて歩こうという想いを深くしました。これは自分の精神衛生に，とても大事な要件でもあるからです。

　私の目には，質の低下した臨床家は限りなく下を向き，自分自身の正当化に心を奪われ，また，下に行く。この限りない悪循環を見るのは，当人と私の精神衛生によくありません。

　そういう人達は，上を作ると不都合なのだろうか，上を見ないし見ようともせず，今日，明日のもらう給料だけに拘ります。私は給料に拘るなら仕事の質に拘ればいいと盛んに思います。

　私が仕事を引き受ける時，大半の方は資格がなく，人間的資格である共感能力に優れてセンスの豊かなパートナーとして選んできました。その恩恵は来談者に確かに回る事実を確認してきました。

　そもそも我々の仕事における資格とは，一体なんなのだろうか。皆がいう社会的な資格とは，割りきりようのないものを，社会としては，割りきらざるを得ないところから発生してきた物でしかなく，とんでもない過ちかもしれない，と考えてみることは，とても意味ある発想であると私は考えざるをえません。私の極めて個人的で内心深いところでは，「心の資格など，ない方が良い」と考えているフシがあります。それがなければ自然に優れたセンスの方に来談者も学生も集まるでしょう。かつて，資格がなかった時代の方が，まだ，「マシ」な向上心が強い学生や仲間の集まりだったかもしれません。その時の我々の仕事とそれを向上させる努力や教育は，日本の伝統的な「職人技」を学ぶという傾向がありました。しかし，「社会」は，資格という線引きを必要としているのでしょう。我々のいう学位もまったく同じであり，先に述べたかも知れませんが，前田重治先生の個人メッセージでは「足の裏に引っ付いた米粒のようなもの」であり，取らないよりは取る方がまだマシな物に過ぎないとしか私には思えません。

　資格という大事なものは客観的に測りようがなく，ただ来談者のみが測ることができるものであり，それは，深く感じる以外に示しようがないものと思われます。また，そう考える方が「生きた」面接に関与すると思います。

私は「資格」をそのように定義づけた方が，生きた「資格」になると思えてなりません。

　上を向くと「あのようになりたい」というイメージができます。あのようになりたいと，長年にわたり思うことは，ごく自然に，そのようになれるチャンスをつかみ，少しずつ近づけるものであります。しかし，下を向くと，「あのように，なりたくない」という反面教師ができて，論理的に逆にすれば，「あのように，なりたい」ということになりますが，心理的には「あのように，なりたくない」という反面教師から，「あのように，なりたい」というイメージを作るのは，とても困難なようで，「あのように，なりたくない」というようになってしまうことは多々あります。

　たとえば，父親が大酒飲みなどの場合，自分は酒だけは飲みたくないと念じていますが，結果的には酒にこだわり，長じて酒をあおるようになる，ようです。反面教師に対して，前面教師（造語）なら，心理的に取り入れやすく，同一化しやすいものです。だからこそ，「そのようになりたいスーパーバイザー」が必要となり，「あのようになりたくない」人達はあなたにとって不要なものになるでしょう。

　質の低下した人達への対応は，個々人多様であると思います。しかし，割合簡単なのは，その人達を横目でちらりと見て素通りするか，私の場合は，とにかく上を向いて歩こうとするのです。その時，私の内なる神田橋先生が，いつも協力してくれているようです。

（10）学会の巨大化と地方と自己の活性化

　確かに私が常任理事の時に，学会員が一万人を超えたと言い，喜んだ記憶があります。しかし，その後の増加ぶりを見て，大学一校での学会開催はその規模を考えると無理だろうとの予測はついていました。そして，年配者の，「昔はよかった」という話になるのです。

　昔の学会では，あの人この人，あの友この友がいて，議論が深まり，いろんな所で思いや意見を交換し合い，それ自体でとても楽しかったのです。学会に参加するのは，何かのシンポジストかコメンターなどの役目以外は，皆と語り合うために参加したようなものでした。おまけに自主シンポジウムなどがある場合は，さまざまな意見が飛びかい，大変にぎわって小さなお祭りのようでした。

第Ⅵ章　私の治療的面接の原則論　117

　何も学会を楽しむ必要がある訳ではないのですが，ただ一人ポツンと学会プログラムを覗き込んでいる姿が沢山見られると，それが本来のあり方なのかどうかと思ってしまいます。我々の仕事は，自分なりの意見と思想を持ち，それを互いに認め合い，人として尊重して親しくなるのが学会ではないか？としきりに思うのです。

　また，学会自体に参加することは，臨床心理士の継続ポイントになるためもあってなのか，なかなか元気な様子が感じられません。主体性が薄れ，義務的，形式的な，独り，独りの学会への参加にならないように，私は少し願うのです。

　学会の巨大化に対応するためには，まず，地方の活性化が望まれます。

　九州には，九州臨床心理学会という各県持ち回りの地方学会があります。一時は河合隼雄先生を公開講座などに招き，新聞社も協力してくれたり，なかなか盛会だったのですが，最近，停滞ムードのように思います。

　また，日本臨床心理士会が開催する地方の研修会もあるのですが，ポイントが絡むとどうしても参加者の主体性が問題となり，活性化する研修会になりにくいように，講師として参加した時に感じました。

　このような他人任せの研修会よりも，大切なのは，気の合う仲間を集め，ケースカンファレンスを自由にしたり，経験ある者が，個人的な研修会を立ち上げて参加を呼びかけたりするような，個人的な活性化が，より，必要な時期に来ていると思います。

　私自身の病院外来の陪席やその他の研修会をブログ[21]で紹介して，行っていますが，それを楽しみとしてやるのか，義務としてやるかが問題となってきます。無論，私自身の楽しみがなければ，参加者の面白さや楽しみも感じられにくくなるでしょう。まさに心理臨床家としての私自身の活性化の問題でもあるのでしょう。

　また，私は，質の高い仕事と言えば，質の高い休養や遊びが必然的にセットになっていると考えます。振り返れば，質の高い仕事をめざす半面，ヨットや船旅など自然に帰る，自分にとっての最高の遊びをしてきました。休養や遊びも，自分自身の大切な活性化だと思います。

（11）門を出て聞いてみよう

「聞く」という漢字は門構えと耳という漢字でできています。私の持論ですが，我が大学に閉じ込もっている限り，学ぶ要件と質は自ずから規定されてくるでしょう。我が大学で教わる物は必然的に制限されてきて，そして，その弊害防止のための予算は，それぞれの経済に応じて，自己教育費として別枠にとって置くことを勧めます。

私は我が大学からいろんな基礎と方法を学びましたが，それに形を与えてくださったのは，神田橋先生を始め，中井久男先生であり，河合隼雄先生でした。いずれも所属大学や学部以外の先生方です。

内気で外部嫌いな人は，とにかく学びたい先生に手紙でも書いてみましょう。やる前にあれこれ考えるなら，そのあれこれを含めて手紙を書いてみましょう。やってみないと後はわからないことばかりです。

無論，会ってみて，「あれ，こんな人だったのか？」と思う人は5人に1人ぐらいいました。けれど，そのようにして，先生を選ぶ姿勢は重要です。学会以外に学ぶ場は自ら開拓するつもりなら，たくさんあると思います。

終わりに

（1）ある迷い

　この章を入れるか否かについて迷いました。そして，書きながら考えてみることにしました。

　この章は，私のとっては非常に核心的な部分です。だから，それゆえに書かなくても私の中に今までどおり，心の中に深く収まっていてもいいようにも思えたのです。しかし，本論の底の底で揺らめいているのが，宗教的としか言いようのない許しや願いやその心性です。

　人格心理学者のオールポート，G. のフレーズだと思うのですが，

　「我々は性の話になると大きな声で話すけれど，宗教の話になると顔を赤らめて恥ずかしそうに話すのは一体どういうことなのか？」

　と問いかけたフレーズがあります。

　神田橋先生がある時，

　「アルコール依存をはじめ，あらゆる依存症の方は，最も宗教性に近い問題を持っていると思う」

　と仰られた時に，宗教的抑圧は実存的要求不満を起こすのではないかと思いました。

　私は幼少時に，特別としか言えないような信心深い両親に育てられました[23]。特別というのは，仏の願いを意識的に聞こうとするのではなく，「聞こえてくる」体験を重視するところです。仏が私を「照らす」ことを想い，考えるのではなく，「仏に照らされた我が身」という得心体験を持たないとこの世に生まれた意味はないという，信心体験を最重視する教えです。私は，その仏の教え以外，両親から何の束縛もなく，私が居ることが何よりも大事にして貰い，幸い経済的にも恵まれて，何不自由なく，育てられました。その仏の教えの得心体験だけが，喉につかえた骨のようでした。その教えは，自ら

の地獄行きの姿を鑑みるとか，内省を深めるという半端なものでなく，仏から照らされた地獄行きの姿を，直に体験する，という得心，信心体験を最重視するという教えなのです。ありのままの自分に戻る時，この宗教的許しの体験はとても有効に働いてくれるような気がします。

　そして，私は幼少時に，仏壇に向かい念仏を唱えるように言われ，そうしているうちに，仏に照らされた我が身を見て，涙と御念仏でいっぱいの体験をしました。

　私はすでに小さな時から，世間仮嘘唯仏是真という，この世は，嘘ごと戯言ばかりしかない世界だけであり，仏様との関係のみが真実である，という釈尊や親鸞聖人の教えが誠と思っています。

　嘘ごと戯言のこの世を知ると，物事の全体像やある事実の持つ歴史的な意味など，俯瞰的に見え，比較的明確になってきて，この世への見限りはつきやすくなります。しかし，嘘ごとだから嘘ごとのように過ごせばいいとは不思議に考えられないのです。嘘ごと戯言だからこそ，１つぐらい誠を求めてみたいとの事情で，心理臨床家の道を選びました。そこでの私にとっての誠めいた事柄は，事実，という二文字です。来談者にとっての事実と相談者にとっての事実です。それが最高の権威で，それから教わるのが最高の教えだと考えています。

　本書について「わざわざ人に嫌われることを書いてどうするの？」とか「言わずともいいことを事挙げしてどうするの？」とか言う友人の顔がちらつきます。

　しかしながら自己がはっきりして，自分の考えが明確になるにつけ，他者や社会との摩擦も強くなってくるのは，自立的に生きる対価として支払うのは当然だと思います。問題はその摩擦の丁寧な生き方にあると思います。

　世の中良いこともあり悪いこともあるのは自然の摂理で，ある来談者は良くなることは良いことばかり考えることと思い込みをして，それで苦しんでいました。そして，「良い時もあれば悪い時もある。それが自然で，私は良い時ばかりの治療はできない，良いことばかりというのが貴方の苦しみの一部でなかろうか？」という問いかけで，みるみる間に元気になった人もいます。

　幕末の高杉晋作の遺言に近い言葉は，「人生僅か三文」という言葉でした。

良いこと，悪いこと，コミコミ含めて，その差，僅か三文くらいあるかな，という言葉が浮かんできます。

自分の言いたいことが他人に十分に伝わるとか，正確に伝わることなどは，私は妄念だと思っています。人それぞれが違うように受け取り方もいろいろであり，それは自然な成り行きです。

（2）極めて私的なこと

極めて私的なことで恐縮ですが，本論の骨格は，私のバリのヴィラで構想しました。そして，本書の原稿の大半は私のガラケーと言われる携帯で作成しました。私は産業医科大学赴任当初から秘書付きという待遇に恵まれ，パソコンはすべて秘書が行い，それを学ぶ必要もなかったのです。それゆえ，まだパソコンには不慣れです。

私がバリ島にヴィラまで持つ理由の一つは，バリ・ヒンズー教の長い歴史のもとで育まれてきた，バリ人特有の限りない優しさと限りない寂しさが，限りない明るさとおおらかさと慎ましやかさとして現れ，それに包まれていると元来の自分自身に戻りやすいからです。

もしも，知能指数や経済指数があるように，人間指数があるなら，本来的なバリ人は，我々日本人のそれより遥かに高いと思います。彼らは元来，精神療法家の「資格」を持っている人が圧倒的に多いのです。ですから，私のヴィラの正式な登録は，「バリ日本人自殺予防研究所」となっています。

実のところ，本書は公認心理師認定方法での幾つかの疑問，という部分からの書き出しで作成して，あとに心理臨床家の質の低下と資格とは何か，に続き，自己紹介のつもりで私の歩んだ心理臨床の道を述べ，ついでいろんな問題に対する対応作を述べたものでした。

そして，いつものように，神田橋先生のコメントを求めると，

「最初の方からあなたの感情や情感が溢れ過ぎて，読み手に拒否感が起こるのでは？」ということと，「患者さんが読んでも判りやすい，優しい文章で」という事と，後書きの部分を先に持ってきたらどうか，というコメントでした。確かに公認心理師判定方法の記述では危機感あふれる文書でした。最初の原稿は，まさに情感があふれ出ていました。

興味のある方は，その順序づけで読まれてみてください。

（3）私の気づきと願い

私は来談者を支えてきたつもりでしたが，実に私も来談者に支えられていることを，恥ずかしながら，5年ぐらい前に実感として感じるようになりました。

大学を辞め，後悔のないよう，死ぬまでにやりたいこと，遊びたいことすべてやりつくそうと思って，世界一周の船旅や海外に行けるような，より大きなヨットに買い替えて海外行きの準備をしたり，バリのヴィラでハウスキーパー達と一緒にヨットを作ったり[21]，思う存分，たくさんのことをやってきました。ところが，できることのほとんどをやり尽くした頃，じわじわと忍び寄ってくるようなある種の虚無感に襲われ，次第に体調まで崩してしまいました。

「この虚無感は，一体，何についてのことなんだろうか？　どこからくるのだろうか？」という問いかけを始めました。何度も，自分自身に問いかけてもすっきりせず，悶々とした日々が続きました。そうしているうちに，ふと，

「自分が支えてきたつもりの来談者に支えられてきた」という実感が込み上げてきました。私は，私のために，人生の舵をきり直し，再び心理臨床の場に戻ることにしました。

私の好きな言葉に，確か道元禅士のお言葉と思いますが「足下照らすもの，あまねく照らす」という意味の言葉があります。私が面接を始める時，私の心の中で，わずかな灯火に似た明かりと，いつも自覚していない体温を感じます。これは，職業的についた癖かも分かりませんが，おそらくその灯火と体温を来談者は非言語レベルで感じていると思います。

来談者がいつも言うのは，ある来談者が真剣に怒ったり，一生懸命に話している時，いつも私は無意識的にほほ笑んだり，笑顔になったりするらしいのです。来談者にどうしてそうなるのかと聞かれ，私は，

「何故だか，一生懸命になっている姿を見ていると，少し楽しくなったり，嬉しくなったりするのです」と答えます。その時，たいてい，来談者はハッとするような表情をするか，黙って物事を考えだすか，そのまま話を続けるか，3分の1ぐらいずつです。その時の私は，治療関係において，来談者の

生き生きとした心が私の心の底辺とも言えるところに響き，無意識的に私の笑顔となっているのでしょう。

　本書は自分の足元を照らしているのかどうかは，今のところ，はっきりしません。本を書くという作業は元来自己完結的でありえないものかもしれません。しかし，より足元を大切にしようという自覚は高まりました。

　まず本書は，いまだに不十分な面接に耐え，そのつけを払い続けてきている来談者の方に強いメッセージとして伝わることを願います。
　また，コツコツと自分の臨床を歩み続けてきている真摯な方への限りないサポートになってくれたらと願います。

　無論本書により，それまでの臨床を振り返り，その質の向上の契機となってくれる人がおれば，望外の喜びで，これ以上のことはありません。

お礼の言葉

　本論を支え励ましてくれた，まだ見ぬ来談者の方に感謝します。

　また，私の携帯から原稿をパソコンに送り，その原稿を修正しながら構成してくれた妻の直子に感謝します。レクレーションのような討論をして，大変な作業だったのですが，笑いも絶えませんでした。

　また，産業医科大学病院精神神経科の金曜日の精神療法外来のスタッフの方々や三菱化学黒崎工場の保健管理センターの方々，北九州市小倉南区にある約20年，蒲生病院でお世話になった方々に，お礼を申し上げます。
　とくに今なお，増井外来として，精神療法外来の臨床の場を与えてくれている，もと金曜日の精神療法外来の有力なスタッフであった，福岡県の古賀市にある福岡聖恵病院の院長の安松聖高先生に，感謝致します。

　また，この本の出版を希望してくださった多くのバイジーの方々や他の先生方にお礼を申し上げます。私は今までいろいろな本を出してきましたが，この本は私にとりとても難産でした。少しでも悔いのない人生にするために，

この本の出版は私にとり必要不可欠な要件でした。

　また，この本の出版を快く引き受けてくれた遠見書房の山内俊介氏に私の原稿を紹介してくださった友人の，有明メンタルクリニックの医院長の中島央先生にお礼を申し上げます。

　本書の出版にいろいろな抵抗が出てきて，私にとり初めての経験であり，少しやけになっていたところを特に強くプッシュしてくれた元九州産業大学におられた峰松修先生に，お礼を申し上げます。「先生のお電話で，またやる気になることができました」

　また，本書の出版を強く勧めてくださり，私が教育の現場から離れないように，長年にわたり，その場を提供してくださっている村山正治先生に感謝致します。「私はまだ，教育現場から逃亡もせずに頑張っています」

　最後に本書の原稿に細かくコメント頂き，いつも心の支えとなってくださっている神田橋條治先生に，心よりお礼を申し上げます。「くれぐれも，体調に留意してください」

平成 30 年　初秋のころ

参考文献

1 ）増井武士，不登校児から見た世界―ともに歩む人々のために，有斐閣，2002
2 ）増井武士，他人の評価が気になる人，ならない人―日本人特有の心性としての「人目
（ひとめ）」や「評価」について，児童心理 2 月号臨時増刊，金子書房，2002（増井武
士，「人目」と「自分」との狭間での自己喪失―現在青少年心性の一つの特徴として，
治療的面接学への探求 4 ，人文書院，2007，pp.28-35，所収）
3 ）増井武士，治療関係における「間」の活用―患者体験に視座を据えた治療論，星和書
店，1994
4 ）増井武士，援助目的論と専門家の役割―不登校児をたとえとして（増井武士，治療的
面接の探求 1 ，人文書院，2007，p.112-127，所収）
5 ）増井武士・池見陽対談集，人間学的力動精神療法について（仮題），創元社（編纂中）
6 ）増井武士，神経症圏内での「自閉療法」の効用―心理臨床における嘘と誠．第 25
回 日本心理臨床学会，2006（増井武士，治療的面接への探求 1 ，人文書院，2007，
pp.339-342，所収）
7 ）増井武士，「自己学」としての精神療法，心理臨床第 4 巻 3 号，星和書店，1991（増
井武士，治療的面接への探求 1 ，人文書院，2007，pp.49-62，所収）
8 ）増井武士，スーパーバイジーから見たスーパービジョン，第 16 回日本心理臨床学会
企画シンポジウム発表，1997（増井武士，治療的面接への探求 2 ，私という中心点に
向かっての旅立ち―私のスーパーバイズの体験から，人文書院，1997，pp.231-269，
所収）
9 ）増井武士，「描（なぞ）り言葉」としての壷イメージ療法，In：成瀬悟策監修・田嶌誠
一編，壷イメージ療法，創元社，1987，pp.318-334
10）増井武士，迷う心の「整理学」，講談社現代新書，1999
11）増井武士，治療理論モデルの簡単な整理と「よくなる」ことについて（増井武士，治
療的面接への探求 1 ，人文書院，2007，pp.91-111，所収）
12）神田橋條治・荒木富士夫，「自閉」の利用―精神分裂病者への助力の試み，精神神経学雑
誌，78 巻 1 号，1986（神田橋篠治，発想の航跡，岩崎学術出版，1988，pp.194-228）
13）神田橋條治，ロンドン通信，九州神経精神医学，19 巻 2 号，1972（神田橋篠治，発
想の航跡，岩崎学術出版社，1988，pp.98-119）
14）増井武士，精神療法の基礎の基礎―治療者の迷い，困る能力とその工夫，九州大学心
理臨床研究，第 8 巻，pp.117-122，1987（増井武士，治療的面接への探求 2 ，人文
書院，2007，pp.175-183，所収）
15）増井武士，職場の心の処方箋―産業カウンセリングルームへようこそ，誠信書房，2001
16）増井武士，自殺予防と実務としての精神療法などについて―ヒューマンリンケージと
しての場面構造化の有用性など（増井武士，治療的面接への探求 1 ，人文書院，2007，
pp.137-145，所収）

17）増井武士，自閉的な分裂病患者の面接における1つの統合の試み，心理臨床学研究，17巻4号，1999（増井武士，治療的な面接への探求2，人文書院，2007，pp.108-129，所収）

18）増井武士，Self help とその内省をめぐる新しい精神療法の試み，第25回日本心身医学会九州地方会特別講演，1985（増井武士，治療的面接への探求2，人文書院，2007，pp.230-237，所収）

19）村山正治・中田行重，新しい事例検討法，PCAGIP ビカジッブ入門—パーソン・センタード・アプローチの観点から，創元社，2012

20）増井武士著作・論文選集，治療的面接への探求 第1巻～第4巻，人文書院，2007-2008

21）精神療法家 増井武士のブログ（https://blog.goo.ne.jp/takeshi211abc）

22）神田橋條治，治療のこころ，巻23・問いに応える11，花クリニック神田橋研究会，2018

23）増井武士，大いなる，そして細やかな自己回帰を巡って，In：市丸藤太郎編，私は何故カウンセラーになったのか，創元社，2002（増井武士，治療的面接への探求4，人文書院，2007，pp.116-178，所収）

24）増井武士，「こころ」の整理学，自分でできる心の手当て，星和書店，2007

25）増井武士，心理的介入と人権，第60回日本心理学会大会1996年（増井武士，治療的面接への探求4，人文書院，2007，pp.24-27，所収）

26）Sullivan, H. S.（1953）Conception of Psychiatry. W. W. Norton & Company, New York（中井久夫・山口隆訳，精神医学の概念，1984，みすず書房）

27）増井武士，ドラマ・イメージ，催眠シンポジアム IX，誠信書房，1979（増井武士，治療的面接への探求3，人文書院，2007，pp.203-225，所収）

28）中井久夫，精神科医がものを書くとき（I），広英社，1997

29）Tatsuya Hirai & Michael Goh, Personal and professional characteristics of Japanese Master therapists: A qualitative investigation on expertise in psychotherapy and counseling in Japan, In: Len Jennings & Thomas M. Skovholt, Expertise in Counseling and Psychotherapy: Master Therapist Studies from Around the World, Oxford University Press, 2016, pp.156-194

増井武士(ますい・たけし)
1945年生まれ。九州大学教育学部大学院博士課程修了。産業医科大学医学部准教授(教育学博士),同大学病院精神・神経科および産業医実務研修センターを併任。日本心理臨床学会常任理事,同学会倫理委員長などを経て同学会編集委員,同学会理事などを歴任。現在,日本臨床心理士会理事,東亜大学大学院客員教授。主著に『治療的面接への探求(Vol. 1～4)』(人文書院),『迷う心の「整理学」』(講談社現代新書),『不登校児から見た世界』(有斐閣)ほか多数。

来談者のための治療的面接とは
──心理臨床の「質」と公認資格を考える

2019年6月15日　第1刷
2023年9月30日　第2刷

著　者　増井武士
発行人　山内俊介
発行所　遠見書房

〒181-0001 東京都三鷹市井の頭2-28-16
TEL 0422-26-6711　FAX 050-3488-3894
tomi@tomishobo.com　http://tomishobo.com
遠見書房の書店　https://tomishobo.stores.jp

ISBN978-4-86616-089-4　C3011

©Masui Takeshi　2019
Printed in Japan

※心と社会の学術出版　遠見書房の本※

**無意識に届く
コミュニケーション・ツールを使う
催眠とイメージの心理臨床**　松木　繁著
松木メソッドを知っているか？　催眠を知ればすべての心理療法がうまくなる。トランス空間を活かした催眠療法とイメージ療法の神髄を描く。附録に催眠マニュアルも収録。2,600円，A5並

やさしいトランス療法
中島　央著
トランスを活かせば臨床はうまくなる！著者は，催眠療法家としても日本有数の精神科医で，催眠よりやさしく臨床面接でトランスを使えるアプローチを生み出しました。日常臨床でつかうコツとプロセスを丹念に紹介。2,200円，四六並

**事例検討会で学ぶ
ケース・フォーミュレーション**
新たな心理支援の発展に向けて
（東京大学名誉教授）下山晴彦編
下山晴彦，林直樹，伊藤絵美，田中ひな子による自験例を，岡野憲一郎らがコメンテーターの事例検討会。臨床の肝をじっくり解き明かす。3,080円，A5並

「かかわり」の心理臨床
催眠臨床・家族療法・ブリーフセラピーにおける関係性　（駒沢大）八巻　秀著
アドラー心理学，家族療法，ブリーフセラピー，催眠療法を軸に臨床活動を続ける著者による論文集。関係性や対話的な「かかわり」をキーワードに理論と実践を解説。3,080円，A5並

みんなの精神分析
その基礎理論と実践の方法を語る
（精神分析家）山﨑　篤著
19世紀の終わりに現れ，既存の人間観を大きく変えた精神分析はロックな存在。日本で一番ロックな精神分析的精神療法家が，精神分析のエッセンスを語った本が生まれました。2,420円，四六並

システムズアプローチの〈ものの見方〉
「人間関係」を変える心理療法
（龍谷大学教授）吉川　悟著
家族療法，ブリーフセラピー，ナラティヴの実践・研究を経てたどりついた新しい臨床の地平。自らの30年前の冒険的な思索を今，自身の手で大きく改稿した必読の大著。5,060円，A5並

学校におけるトラウマ・インフォームド・ケア
SC・教職員のためのTIC導入に向けたガイド
卜部　明著
ブックレット：子どもの心と学校臨床（9）ベテランSCによる学校のための「トラウマの理解に基づいた支援」導入のための手引。トラウマの理解によって学校臨床が豊かになる。1,870円，A5並

臨床心理検査バッテリーの実際　改訂版
高橋依子・津川律子編著
乳幼児期から高齢期まで発達に沿った適切なテストバッテリーの考え方・組み方を多彩な事例を挙げて解説。質問紙，投映法など多種多様な心理検査を網羅しフィードバックの考え方と実際も詳述。好評につき大改訂。3,300円，A5並

パーソンセンタード・アプローチとオープンダイアローグ
対話・つながり・共に生きる
本山智敬・永野浩二・村山正治編
パーソンセンタード・アプローチとオープンダイアローグとの比較やデモンストレーションから，心理支援のあり方に一石を投じる一冊。3,080円，A5並

N:ナラティヴとケア
ナラティヴがキーワードの臨床・支援者向け雑誌。第14号：ナラティヴ・セラピーがもたらすものとその眼差し（坂本真佐哉編）年1刊行，1,980円

価格は税込です